わたしの
キリスト教と仏教

宮井 正彌

ブックウェイ

まえがき

　製本された前著『生きる意味を求めて』が自宅に届けられ知人に郵送し始めて、これでようやく終わったなと思ったが、まだ書き残している部分があるような気がした。

　それは20歳の頃からずっと関わり続けたキリスト教理解がこれまでどのように変遷してきたのか、また後になって仏教と向かい合いそれがどうであったのかをまだ書き尽くしていないように感じたのである。

　いわば「わたしのキリスト教と仏教」であり、あくまでわたし自身の覚え書きである。しかしこのようなアプローチをすればキリスト教や仏教を見通すことができるという筋道をつけたことにはある程度の客観性はあり参考になるのではないかと思う。

　また『生きる意味を求めて』でイエスが示した世界は「What a wonderful world」や「Imagine」に表れているように思うと記したが、それについて検討しないままであり、さらに深めて自分のものにしていく必要があると思った。

　20歳のころから生きていることの根拠、原点はどこにあるのか、あるいは自分とは一体何者なのかということをずっと考え、それと共に「どうせいつかは死ぬのだから生きる意味などないのではないか」と思い続けてきた。

　こうした問いかけに対する解をキリスト教に求めたが、キリスト教はどうも馴染めないところがあり、だから大学時代に洗礼は受けたが、教会に残ってほしいという頼みには応えず福井を出た。

　時間の経過に沿って考えてきた軌跡を記しておきたいと思い、学生時

代から読んできた本を取り出し、ものによっては改めて読んでいると、学生時代の4畳半の下宿とそこでこの本を読んでいた自分の姿を思い起こす。あのときからもう50年が経ったのかと思うと不思議な気もする。

　その時々の本を手にしていると、そのときから今日に至る道程をもう一度反芻しているように思えた。『生きる意味を求めて』を書いているときは時をさかのぼって記憶を辿るという感じであったが、今回はこの反芻するという感じが強い。

　2018年3月1日

宮井　正彌

目　次

まえがき ……………………………………………………………………… 3

キリスト教との出会い（1962 年、18 歳）……………………………… 11

神とは　　　　　　　　　　　　　　　　　　　　　　　　　　　　12

福井大学時代（1963 年〜 1967 年）…………………………………… 15

福井自由クリスチャン伝道団　　　　　　　　　　　　　　　　　　15
読書　　　　　　　　　　　　　　　　　　　　　　　　　　　　　17
椎名麟三　　　　　　　　　　　　　　　　　　　　　　　　　　　19

愛知県豊田市時代（1967 年〜 1971 年）……………………………… 23

福井県三国町時代（1971 年〜 1975 年）……………………………… 24

埼玉県宮代町時代（1975 年〜 1987 年）……………………………… 25

イエスはどういう存在かを生涯の課題とする　　　　　　　　　　　25
井上洋治　　　　　　　　　　　　　　　　　　　　　　　　　　　28
渡辺英俊　　　　　　　　　　　　　　　　　　　　　　　　　　　29
清水恵三　　　　　　　　　　　　　　　　　　　　　　　　　　　30
前島誠　　　　　　　　　　　　　　　　　　　　　　　　　　　　30
浅見定雄　　　　　　　　　　　　　　　　　　　　　　　　　　　31

大阪府八尾市時代（1987 年〜）………………………………………… 31

聖書研究の過程　　　　　　　　　　　　　　　　　　　　　　　　31
イエスをどう理解するか　　　　　　　　　　　　　　　　　　31
旧約聖書　　　　　　　　　　　　　　　　　　　　　　　　　33
ユダヤ教　　　　　　　　　　　　　　　　　　　　　　　　　37
新約聖書　　　　　　　　　　　　　　　　　　　　　　　　　39
Q 資料　　　　　　　　　　　　　　　　　　　　　　　　　　44

史的イエス	44
死海写本	54
復活信仰	54
永遠の生命	56
聖書外典偽典	58
異端	58
解放の神学	59
その他の聖書関連書籍	59
関連する宗教	61
ゾロアスター教	61
東方正教会	61
イスラム教	62
ヒンドウ教	63
聖書関連言語	66
ギリシャ語	66
ヘブライ語	66
アラビア語	67
イエスを尋ねる旅	68
イスラエル旅行	68
国内の巡礼の記	68
神戸にあるモスクとシナゴーグ	70
日本基督教団	70
日本基督教団教師検定試験	70
出来島伝道所	71
戦争責任	72
教団大阪教区「天皇制委員会」	75
西山俊彦	76
神学者たち	78
渡辺信夫	78
篠崎榮	79
田川健三	79
小田垣雅也	80
百瀬文晃	80

日本キリスト教学会	81
キリスト教理解の決定版	81
上村静	81
ドン・キューピット	84

仏教 90

八木誠一	91
滝沢克己	93
高崎直道	95
大乗非仏説	95
可藤豊文	95
紀野一義	96
山崎弁栄	96
阿満利麿	97
曽我逸朗	97
尾畑文正	98
吉本隆明	98
親鸞	98
戦争責任	101
空海	102
一遍	102
前野隆司	104
原始仏教	106
韓国人の仏教書	107
仏教理解の決定版	107
宮元啓一	107

哲学というもの 111

キルケゴール	112
カント	113
ニーチェ	114
ハイデガー	116
サルトル	118

欧米の音楽から ·········· 122

「What a wonderful world」 122
「Imagine」 125

狭間に生きる ·········· 128

あとがき ·········· 135

資料編

［資料1］イエス理解についての覚書 139
［資料2］イスラエル旅行 157
［資料3］国内の巡礼の記（前著の資料6から資料10のダイジェスト） 173
［資料4］使信リスト 177
［資料5］大阪教区「教会と天皇制を考える」委員会の2.11集会 184
［資料6］幸日出男「国家神道とキリスト教」に対するコメント 185
［資料7］西山俊彦神父への書簡 189

わたしのキリスト教と仏教

キリスト教との出会い（1962 年、18 歳）

　小中高が同じで特に中学校のバレーボール部で一緒でともに大学浪人
をしていた K からキリスト教の集会に誘われた。K がどうしてキリス
ト教なのかと思ったが、中学時代に K が通っていた学習塾の経営者が
キリスト教に関係していたからのようだ。

　当時住んでいた八尾市安中町の家の近くにそろばん塾があり、そこで
週に一度夜間伝道集会が開かれたが、集会の主宰は八尾福音教会で、出
席したのは K とわたしだけであった。

　この八尾福音教会へは福井大学に入学してから帰省する度に訪れた。
当時の教会は近鉄八尾駅の北側にあった。しかしその後 K は福音教会
から別の教会（改革派）へ移り、彼と一緒に山本の方にあるその教会へ
も行ったことがある。

　福音教会では、ギターが奏でられて大きな声で歌い、いわゆる神の救
いを賛美するというものであるが、どうも肌に合わなかった。しかしこ
れがその後の人生を通して長く続くキリスト教との出会いになるとは思
いもしなかった。

　どうしても疑問として残ったのはイエス、キリスト、神、精霊、父と
いった基本的なことばが意味する内容についてであった。このことはそ
れからもずっとついて回る課題であり続けたが、65 歳のころにようや
くわたしなりに納得し理解できるようになった。これは同時に 60 歳の
頃から始まった仏教の勉強の過程で仏教というものを見通せたと思えた
時期と重なるから、両者の理解には共通のものがあるようだ。

神とは

「神」という文字そのものは漢字であり中国由来のものであろうが、「カミ」という音の由来は分らない。おそらくどこかの時点でどこかからこの国に伝わってきたのであろう。しかしそれをキリスト教におけるTheos（ギリシャ語）、God（英語）に対応させてしまったところに間違いがある。その意味する内容は全く異なるからである。ユダヤ教における神に相当するものは口にしてはならないほど神聖なものとされていて、神聖4文字YHWHをアドナイ（「主」の意味）と口にしている。このYHWHはヘブライ語でヤハウエとかヤーウエと発音されるが、その意味は「在って在るもの」となる。ユダヤ人にとってカミはそういうものとして認識されていたと考えられる。環境が沙漠一色なら思い描く世界は「在って在るもの」としか表現し得ないものに収斂していったのであろう。一方、自然環境が豊かで、農耕によって生きてきた日本人を始めとする東アジアの人びとにとってのカミ認識とはそこのあたりで分かれてしまう。

　キリスト教はユダヤ教そしてイスラム教にもつながる沙漠の宗教であるが、キリスト教で言う旧約聖書に記されているものがキリスト教の神である。それは預言者の口を通して人間に語りかけ、人間の行動に関与し、人間の運命を左右するとされている。そうしたものを東アジアの農耕民である日本人が直ちに認識できる訳はない。

　仏教には神は存在しない。あるのはゴータマ（釈迦）の悟りだけである。ユダヤ教、キリスト教、イスラム教などのセム系の宗教からみると仏教は宗教ではない。今日わんさか寺でみかける像はすべて大乗仏教がもってきたバラモン教ないしヒンドゥ教由来のものである。拝む対象が何もないのでは頼りないという庶民の願いからもってこられたもので

ゴータマとはなんら関係ない。カトリック教会で見かけるイエス像やマリヤ像もそういう事情からきたものであろう。

そういう意味では儒教も宗教ではない。

日本の神道は宗教といえるのだろうか。神体が人の像や山であったり、木であったり、あるいは魂が宿るとされる社であったり、種々様々である。

木や山や先祖などはセム系の一神教からみれば神ではない。むしろバラモン教ないしヒンドゥ教のブラフマンのほうが神といってもいいだろう。ブラフマンは宇宙の根本原理ということになっているから、どこかでYHWHにつながっているのかもしれない。

このブラフマンに対応するのがアートマンとされ、この両者の合一を梵我一如の悟りのひとつの形とされ、日本の大乗仏教では真言密教になり、イスラムではスーフィーということになる。

ではYHWHと記されるものの実体はなにか、あるいは実在するのか、またバラモン教の大梵天（ブラフマン）は実在なのか、となると証明できない。

つまり宗教とはなにかという定義の問題になる。人が拝む対象となるものであればなんでも宗教ということになれば何もかもが宗教となる。

東アジアで祀られてきた神はさまざまであり、多くは人であり自然であるが、それはにんげんに語りかけたり行動に関与したり運命を左右するものではない。たいていはにんげんが主体で子孫繁栄とか五穀豊穣といった人間の願望を叶えてくれるものとしてある。

縄文文化のなかにも祖先や自然を崇拝する文化はあり、これにユーラシアを経由して朝鮮半島から弥生文化が伝来する中で渡来系の支配者たちを神として祀るようにもなり、近代になってからは偉人や戦死者をも

ひっくるめて祀るようになった。そうしたものがこの国の神社の成り立ちのようだ。

　寺の檀家総代と同時に神社の氏子総代をしているという例が珍しくない。これは昔からの慣習だそうである。しかし寺と神社とは本来相反するもののはずである。

　戦前・戦中、この国は神社参拝は宗教行為ではなく昔からの慣習であり、国家が国民に神社参拝を強要しているからといって、この国に宗教の自由がないとはいえないと諸外国に言い繕っていたそうだ。

　この神を人間は認識しうるのかしえないのか、認識できるのならそれはどういう道筋なのかを徹底的に考えたのが鈴木大拙や西田幾多郎であり久松信一、滝沢克己、八木誠一であろう。

　しかし戦中、西田は「八紘一宇」について記していて（西田「世界新秩序の原理」）、そうしたことを知ると彼の理解にしにくい思索の一部の底が見えるような気もする。この「世界新秩序の原理」は日本軍のアジア侵略のバックボーンとした「八紘一宇」という考え方を理論的に支えるものであって、軍から依頼されて作成されたようである。

　このなかで、「我皇室が万世一系として永遠の過去から永遠の未来へと云うことは、単に直線的と云うではなく、永遠の今として、何処までも我々の始であり終であると云うことでなければならない」、「八紘一宇の世界的世界形成の原理は内に於いて君民一体、万民翼賛の原理である」などと記している。

　軍が侵略の理論的バックボーンとして欲しているものをそのまま記したものと思われ、こうしたことは西田に限らず公的私的を問わず当時のほとんどの日本人が関与し、侵略を翼賛したことである。しかしだからといって賀川豊彦が称えたとされる「一億総懺悔」に乗っかり、結局は誰も責任をとらなくていいということにはならない。

福井大学時代 (1963年〜1967年)

福井自由クリスチャン伝道団

1963年4月に福井大学に入学し、下宿を出て街をぶらぶら歩いていると田原町というところで「福井自由クリスチャン伝道団キリスト教書店」が目にとまったので、入ってみるとヨーロッパ系の人が出てきた。ルドルフというノルウエーからの宣教師であった。ルドルフさんには奥さんと娘さんがいた。娘といっても30歳くらいだったと思う。次の日曜日に福井城址で集まりがあるので一緒に行こうと誘われた。

ルドルフさんのボルボのワゴンに乗せてもらって福井城址へ行った。他にも何人かの人が来ていた。どうやら福井市内の教会の合同の集まりで復活を祝う集会だったようだ。

それが終わってから福井自由キリスト召会というところへ連れていかれた。足羽川を越えた木田町にあり、造りは一般家屋で、竹内という方の家だった。竹内さんは70歳過ぎの女性で、その40歳なかばの娘さんがオルガンを弾いていた。畳に折りたたみの椅子が並べられていた。

それからは毎日曜日、この木田町の竹内さん宅へ赴いた。市の北にあった下宿から南にある教会まで歩くのは大変だが、ルドルフさんから夏の軽井沢での休暇で使っていたという錆びてガタガタの自転車を貰い受け、これに乗って出かけたが、チェーンがよく外れて困った。しかし、この自転車は学生時代に通学やいろんなことによく使った移動手段となった。

教会では主に新約聖書を中心に語られたが、やはり納得できるものではなかった。もちろん納得するものではない、信じるものだという人もいるが、わたしはそういうわけにはいかなかった。納得するから信じら

れるのだ。これはなにごとについてもいえることだ。

　しかし洗礼を受ければ理解はさらに進むのではないかという期待もあり、3年次の5月23日に洗礼を受けた。以前は足羽川でやっていたそうだが、そのころは竹内さん宅の裏の狭い空間に置かれたプラスチック製の古いバスタブで行われていた。そこへ白いガウンを着せられ、仰向けに沈められたので、鼻に水が入って痛かった。ルドルフさんはすでに帰国されていたのでそのときの司式はまだ若いテグナンダーという宣教師だった。

　洗礼を受けたといっても別に変わることはなかった。しばらくして読んだ椎名麟三のある本に、彼が赤岩栄から施された自身の洗礼の後で、便所へ行き用を足していると窓から見える空はアッケラカンとしているだけだったと記しているがそんなところだった。

　その後、テグナンダーさんに代わってヘミングビーという新しい宣教師が来られた。この方は50から60歳代の落ち着いた学者肌の方であった。どういういきさつであったかは忘れたが、一度大学の英会話クラブの昼の活動時間に来て話をしてもらったことがある。どういう背景かは忘れたがノルウエーでは自分はファイターだ（I am a fighter）と言われことだけを覚えている。

　福井自由キリスト召会の日曜日の集会の宣教師の通訳は福井大学建築学科のK講師がされていたが、3年次の後半か4年次になって、宣教師がヘミングビーさんのときだと思うが、木曜日の夜の集会の通訳をやってくれないかと頼まれ、できるだろうかと思ったが、卒業するまで続けることになった。だから日曜だけではなく、木曜日もラグビーの練習を終えてから竹内さん宅へ駆けつけることになった。

卒業を控えたころに竹内さんから、卒業したら神学校へ行って資格を取ってこの教会に戻ってきてくれないかと言われたが断った。キリスト教だけで生きていく自信はなかったし、大学で学んだことを生かすいろんな可能性があるはずだと思ったからである。この判断は間違っていなかった。しかし40年後の60歳で教団教師の資格を取ることになるとは思いもしなかった。

読書

学生時代の1年次のころから繰り返し愛読したのは富沢孝彦の『人生問題と聖アウグスティーヌスの回心』（1961刊）、それに由木康の『パスカル冥想録』（1963刊）であり、赤線がたくさん引かれている。それに大山定一訳編『神・自然・芸術・人生─ゲーテのことば』（1964刊）などはラグビーの合宿にも持っていって読んだものである。

またドストエフスキー（『罪と罰』、『カラマーゾフの兄弟』、『悪霊』、『白痴』）、それにキルケゴール（後述）なども読んだ。1年次の夏休みに八尾の自宅の暑い2階で汗をかきながら『罪と罰』を読んだことを思い出す。内容を充分理解したわけではないが、暑いサンクトペテルブルグの街をふらつきながら歩くラスコーリニコフの姿が自分と重なった。ドストエフスキーは難しかったが、椎名を読むようになってどういう世界かは分った。

ロマン・ローランの『ジャン・クリストフ』や『魅せられたる魂』も愛読したが本棚にはない。タゴールの詩集も読んだし、英語本も取り寄せているが、これも今は手元にない。

こうした人たちが考えている背後には日本人には推し量ることのできないキリスト教というものが潜んでいて、それを明らかにしないことに

は西洋人の思想を理解できないと思い、そうしたこともキリスト教に向かわせた理由でもあった。これら以外に学生時代に手にした本は以下のようなものである。

　括弧内は読んだ年である。括弧内で年の後に「刊」とあるのは読んだ年が不明のため刊行された年を示す。

　安藤肇『深き淵より―キリスト教の戦争経験』（1959刊）
　わだつみ会『戦没学生の遺書に見る15年戦争』（1963刊）
　クルマン（前田護郎訳）『キリストと時』（1966）
　安藤肇『あるキリスト者の戦争体験』（1966）
　米田豊ほか『昭和の宗教弾圧戦時ホーリネス受難記』（1966）
　レーヴィット（川原栄峰訳）『知識・信仰・懐疑』（1966）
　ラーゲルクヴィスト（尾崎義訳）『バラバ』（1967）

　これらの本は度重なる引っ越しにも関わらず50年後の今も本箱に残っていて、手にしていると下宿時代を彷彿とさせてくれる。あのときも今も変わらず同じわたしであるのが不思議である。これらはいずれもキリスト教と関係するものであるが、自分自身の考え方まで左右するものではなかった。しかし久しぶりに拾い読みをしても決して古くさいものではなく、50年前に読んで考えたときのことが蘇り、赤鉛筆で真っ赤に引かれた線を見ると、これまで考え続けてきた原点がここにあり、これを基点にこれまで歩いてきたんだなと思う。

　安藤肇の『あるキリスト者の戦争体験』（1966）、『深き淵より―キリスト教の戦争経験』（1959刊）、わだつみ会の『戦没学生の遺書に見る15年戦争』（1963刊）を読んでいたので、戦争責任、戦争とキリスト教ということを考えるようになった。

18

福井大学時代

　戦時中キリスト教は国家によって弾圧されたものとばかり思っていたが、どうやらそれはごく一部（灯台社）だけでほとんどすべての日本のキリスト教はプロテスタントもカトリックも聖公会（イングランド国教会）も国家の意を汲み、忖度し、神社に参拝し、天皇を神とし、都合の悪い部分（教団では神社参拝を拒否したホーリネス系の6部9部など）は切り捨て、信徒を祈りと賛美で戦地に送ったが、戦後になるとそんなことはなかったかのように素知らぬ顔をし、戦中の困難を乗り越えて教会を守ってきたと主張していることを後になって知ることになった。40年後、この安藤肇さんを大阪の集会の講師に呼ぶことになった。

　教団の6部9部問題はゴータマ・親鸞の教えに従って生き、日露戦争に反対した新宮浄泉寺の高木顕明を切り捨てた真宗大谷派とアナロジーである。

　このころ「いつか死ぬのだったら生きる意味などないのではないか」と自問自答をするようになり、日々これと格闘する羽目になった。これは生涯を通しての課題となったが、この頃は苦しく何をする気力も失せてしまっていた。

「生きる意味はあるのか」という問いかけに対してキリスト教が何か答えを示してくれるのではないかと期待したが、少しずれがあるようだった。

　この4畳半の下宿時代は一人でとぐろを巻いて過ごしたカイロスでありトポスであった。今、あの空間で過ごした日々やあのときに考えたことを思い起こしていることが不思議である。

椎名麟三

　椎名麟三の『私の聖書物語』（1966）という本を4年次に読んでいる。

椎名の本は救いのパターンではなく、あくまで彼自身の言葉で語っているのがよく分かった。

椎名は戦前、共産党の活動をしていて治安維持法により刑務所に入っていてそこで差入れられたニーチェの『この人を見よ』でニーチェがさかんに罵倒しているイエスという男は一体どのようなものかと思い、出所後に聖書それにドストエフスキーを読み始めたそうだ。

椎名の本としては４年次のときに『地底での散歩』（1967）を読んでいる。ここに赤岩栄の『キリスト教脱出記』のことも触れられていて、椎名に洗礼を施した牧師がキリスト教を否定するとはけしからんと言っているように思えた。

椎名の本はこのころキリスト教について唯一信用できる作家だと思っていた。ただ彼独特の「ほんとうの自由」についての記述はなかなか理解しにくいものであった。

『私の聖書物語』と『私のドストエフスキー体験』で次のようなことを記している。

「ドストエフスキーの『悪霊』のなかで、キリーロフが言った「すべてが許されているとほんとうに知っている人間はそう（したい放題）するのではなくそうしないだろう」と転換する点に実はキリストが立っているのであり、このような転換はキリスト（本当の自由）においてだけ可能なのだと知ったのはずっと後のことであった。」（引用終わり）

この箇所を読んだときに、なるほどそういうこともありうるなとは思ったものの、椎名ほどに感動するものではなく、むしろキリスト（本当の自由）が立っているというのは少し言い過ぎではないかと思ったし、ましてキリストを「本当の自由」と等値できるものなのかとも思った。

福井大学時代

　椎名が述べているこの部分から親鸞の「悪人正機」を思い起こす。つまり「善人なほもて往生をとぐ、いはんや悪人をや。」という『歎異抄』のなかの言葉である。親鸞が去ってから東国には親鸞が伝えた信心とは違ったものが蔓延し始めた。その一つが「悪人正機」で、親鸞の本意を曲解して「悪人こそ救われるのだ。積極的に悪をなしていかなければならない。」というものである。

　この親鸞の「許されているということを本当に知っている人」はしたい放題のことを「する」のではなく、「しない」という、その点で椎名が記しているキリーロフ（ドストエフスキー）の言葉と共通していると感じるのである。

　埼玉時代の 1973 年に椎名の死が新聞に掲載され、彼の生前の姿が載せられていたが、それを見て、ああ死んだのか、と思った時のことを思い出す。

　その後 1987 年に八尾に戻ってからであるが、赤岩栄の『キリスト教脱出記』（1964 刊）を上の妹が 1966 年に買って読んでいたのを実家に残していて、それを本箱に見つけとり出して読んだ（1997）。妹が赤インクで線を引き書き込みをしていた。本のタイトルからもうかがえるように教団の教師として椎名に洗礼を施した彼自身が教会から離れてしまった顛末が記されていた。しかしその内容はどうやらわたしが歩いている道と同じようなものに思えた。宣教のキリストから歴史のイエスへという方向である。このような本が 1964 年に出版されていたとは驚きであった。

　赤岩はそのため教団から除名されたようだが、この問題は古くて新しい問題で、2007 年に教団の教師だった北村慈郎に対して教団から辞任

勧告が出されている。教団はまるで政治団体のようである。

　学生時代の終わり頃から埼玉時代まで椎名の本を買って読んだ。その当時信用できるのは椎名しかいなかったからである。

椎名麟三『私の聖書物語』（1966）

椎名麟三『地底での散歩』（1967）

椎名麟三『永遠なる序章』（1967）

椎名麟三『椎名麟三集』（1967）

椎名麟三『私のドストエフスキー体験』（1967）

椎名麟三『凡愚伝』（1967 刊）

椎名麟三『勤人の休日』（1968）

椎名麟三『人間の自由』（1968）

椎名麟三『生活のなかで』（1968）

椎名麟三『信じるということ』（1968）

椎名麟三『愛を求めて』（1968）

椎名麟三『芸術と私』（1969）

椎名麟三『懲役人の告発』（1969）

椎名麟三『椎名麟三初期作品集』（1975）

椎名麟三『小説マタイ伝』（1977）

椎名麟三『信仰というもの』（1983）

椎名麟三『邂逅』（2010）

岡庭昇『椎名麟三』（1977 刊）

富吉建周「椎名麟三とキリスト教―『私の聖書物語』に即して」九州産業大学教養部紀要 23 巻 2 号（1987 刊）

愛知県豊田市時代（1967 年～1971 年）

　1967 年 3 月に福井大学を卒業して豊田市にある自動車部品製造の企業に就職した。職場は技術開発研究所というところであった。椎名の本はこのころも買って読んだ。専門的な仕事をしていたがわたしは椎名の本に生きるよすがを求めたともいえる。

　またどういう経緯だったかは忘れたが、国鉄「刈谷」駅から少し歩いたところにある教団の刈谷教会へ 1 年間だけ通ったことがある。それも日曜日ではなく水曜日か木曜日の仕事の終わった夜だった。集まったのは年輩の日本人教師と西洋人の宣教師だった。このときは宣教目的の熱狂的な話ではなく、静かな話し合いがもたれた。教会といってもいろいろあるものだなと思った。

　改めてインターネットで教会の位置を確認したら刈谷駅からかなりの距離があり、もうすっかり忘れてしまったが、23 歳のころに刈谷教会への暗い道を歩いたことが幻のように思い出される。

　このときもあまり聖書理解は進まなかったが、熱狂的な信仰とは距離を置いた冷静な聖書の世界に触れる本を選んだ。

　この頃手にした本は以下のようなものであった。

ブーバー（野口啓祐訳）『孤独と愛―我と汝の問題』（1967）

ブーバー（野口啓祐訳）『対話の論理』（1967）

ブーバー（児島洋訳）『人間とは何か』（1968）

ボンヘッファー（岸千年訳）『交わりの生活』（1968 刊）

バルト（鈴木正久訳）『キリスト教倫理 (2) 交わりにおける自由』（1969 刊）

広瀬京一郎『神は死んだか―ヨーロッパ思索の旅』(1970)

滝沢克己『人間の「原点」とは何か』(1970)

滝沢克己『聖書のイエスと現代の思惟』(1970)

滝沢克己『夏目漱石の思想―『こころ』と『それから』』(1970刊)

福井県三国町時代 (1971年～1975年)

　1971年3月に移住した三国町には学生時代に通った福井自由キリスト召会の兄弟教会である三国自由キリスト教会があったが、ほとんど行くことはなかった。西洋人の女性宣教師が責任者で、ある日電話がかかってきて、あなたは悪魔です、と言われた。異国にまでやってきたのにうまくゆかず焦っているんだなと思った。福井の教会へも行くことはなかった。

　今振り返ると、神学校へ行って教会に戻ってきてほしいというほど期待されたであろうわたしが4年後に福井へ帰ってきたにもかかわらず、一度も顔を見せず、ましてや三国の教会へも顔を出さないとは、どういうことだということになるだろう。あなたは悪魔です、というのもそういう背景があったのであろう。あきれられたであろうが、このときはもう教会には興味はなく、義務的に行かねばならないとは少しも思わなかった。ああいった聖書理解ではわたしは満足することはないと分っていたからである。

　このときは福井臨海工業地帯造成の反対運動に精力を注いだ。不思議なことにこれが契機となって大学講師の職が与えられ、埼玉に移住することとなった。

　この時期は聖書に関する本を読むこともあまりなく聖書理解はほとん

福井県三国町時代／埼玉県宮代町時代

ど変わらないままであったが、以下の本を読んでいた。

ボンヘッファー（岸千年訳）『交わりの生活』（1968 刊）

バルト（鈴木正久訳）『キリスト教倫理（2）交わりにおける自由』（1969 刊）

広瀬京一郎『神は死んだか―ヨーロッパ思索の旅』（1970）

吉村善夫『愛と自由について』（1971）

埼玉県宮代町時代（1975 年～ 1987 年）

イエスはどういう存在かを生涯の課題とする

　1975 年 3 月に埼玉に移ってしばらくして、大学の仕事に慣れてきたころに、ほとんど忘れかけていたキリスト教のことを思い出し、学生時代から始まったキリスト教を自分の生涯をかけた問題と受け止めもう一度やり直してみようと思った。それはイエスとは実際どのような人間で一体何をしたのか、イエスの実像、すなわち歴史のイエス、史的イエスであった。イエスの本名はヘブライ語ではイェシュアーであり、当時はなんの変哲もないありふれた名前であり、ヨシュアとも呼べる。ここではイエスとしておく。当時の使い方としてナザレ人（びと）イエスあるいは父がいなかったので母の名前を使って、マリアの子イエスというように呼んだらしい。

　それまでのキリスト教関係の読書は十字架による救済を前提にしたものや、著者自身の考え方に基づいたものではなく借り物の気配が強いものが多くそういうものは嘘くさく馴染めなかった。そこで冷静にキリスト教というものと対峙している本を選んで読むようになった。

　過去の聖書理解をふまえるのではなくあくまで自分自身の考え方に

従って聖書を読み、自分自身のイエス理解に至るという営為の代表は英国国教会のドン・キューピット（藤田一照訳）の『未来の宗教』（原著：Emptiness & Brightness）であろう。原著の題名からしてほとんど禅仏教的であり示唆に富むが後で改めて触れる。

　こうした聖書へのアプローチは 30 年ほど後になって 60 歳前に仏教に接したときにその教祖ゴータマに接近したこととアナロジーである。

　宮代町に教団の和戸教会があり、しばらくそこへ出席した。同年輩の教師がわたしの志向を察したのか、八木誠一の『イエス』を手渡し、それに新教出版社の雑誌「福音と世界」を読めば良いと勧めてくれた。この「福音と世界」はその後もずっと購読し続け、八尾市に戻ってから、1982 年から 2012 年までの 30 年分の「福音と世界」を府内のある教会に寄贈した。このとき教団教師検定試験に合格した後で不要になった書籍も併せて送った。

　この和戸教会にわたしより少し年輩の後藤龍男さんがおられ、氏は関東教区の社会委員会に属し、わたしもその委員会の会合に参加させてもらったり、関東教区の「2.11 集会」に参加したこともある。

　あるとき後藤さんから礼拝後の中高生の集まりで何か話してほしいと頼まれ、「復活のイエスに出会った 3 つの例」について話したことを覚えている。後に触れる「復活信仰」でも記しているが、椎名麟三、安藝元雄それにある女性教師の例をとり上げた。

　後藤さんは部落差別問題や韓国朝鮮問題にもかかわりを持たれていて、全国集会にも参加されているようでその姿勢は一貫している。

　この頃に読んだ本は以下のようなものである。

　高尾利数『イエスの根源志向』（1970 刊）

埼玉県宮代町時代

ルードヴィヒ・ケーラー（池田裕訳）『ヘブライ的人間』（1971 刊）

リュティ（大串元亮訳）『預言者アモス』（1975 刊）

カーマイケル（西義之訳）『キリストはなぜ殺されたか』（1973）

クルマン（川村輝典訳）『イエス当時の革命家たち』（1973 刊）

藤原一生『イエスの目』（1975 刊）

キルケゴール（宍戸好子訳）『異教徒の憂い』（1976 刊）

ピーター（別宮貞徳訳）『イエスとその弟子』（1978）

山岸外史『人間キリスト記 或いは神に欺かれた男』（1979）

陶山義雄『イエスをたずねて』（1980）

石原兵永『イエスの招き』（1980）

トルーブラッド（小林哲夫他訳）『キリストのユーモア』（1980）

増谷文雄『仏教とキリスト教の比較研究』（1981）

新井智『聖書―その歴史的事実』（1981）

婦人之友編集部『聖書の人びと』（1981）

川上与志夫『イエスをめぐる人びと』（1981）

高田英治『イエスに出会った人々』（1981）

渡辺英俊『聖書の人間たち』（1981）

フェンザック（浅井力訳）『イエスのたとえ話講解 マタイ』（1981）

フェンザック（浅井力訳）『イエスのたとえ話講解 マタイ』（1981）

浅野順一『旧約聖書を語る』（1981）

新井智『聖書―その歴史的事実』（1981）

マックナイト（加山久夫訳）『様式史とは何か』（1982 刊）

吉田満『平和への巡礼』（1982）

茂洋『棄てられた石』（1983）

フェンザック（浅井力訳）『イエスのたとえ話講解 ルカ』（1983）

佐藤陽二『イエスのたとえ話講解 マルコ』（1983）

フェンザック（浅井力訳）『イエスのたとえ話講解 ルカ』（1983）

丹羽銀之『エマオへの道』（1983）

佐藤陽二『イエスのたとえ話講解 マルコ』（1983）

茂洋『棄てられた石』（1983）

齋藤正彦『聖書に親しむ―マルコ福音書に学ぶ』（1985刊）

モルトマンほか4名（佐々木勝彦ほか訳）『山上の説教を生きる』（1985刊）

シュトウルンク（伊藤紀久代訳）『十字架のイエスに出会った人々』（1986）

笹森建美『旧約聖書に聞く―神の選び、人の応答』（1986刊）

このころにまとめて読んだのは井上洋治、渡辺英俊、清水恵三である。

井上洋治

1979年にカトリックの井上洋治の本を読んだ。彼は歴史や文化がまったく異なる背景をもつ西洋で醸成されてきたキリスト教を東洋の東端に位置し長年鎖国を続けてきた日本人がどのように受け止めればいいのかを模索したようである。彼は後になって仏教をも視野に入れている。わたしも八木誠一という人の媒介があって仏教の世界に入ることになった。

井上洋治『日本とイエスの顔』（1979）

井上洋治『余白の旅』（1980）

井上洋治『私の中のキリスト』（1980）

井上洋治『イエスのまなざし』（1981）

井上洋治『新約聖書のイエス像』（1983）

井上洋治『愛をみつける』（1984）

井上洋治『まことの自分を生きる』（2010）

井上洋治『人はなぜ生きるのか』（2010）

井上洋治『法然―イエスの面影をしのばせる人』（2010）

井上洋治『南無の心に生きる』（2010）

渡辺英俊

　東京の教文館書店で渡辺英俊の『聖書の人間たち』（1981）に出会った。ここにはイエス自身は登場しないが、旧約と新約に登場する人物がその時そのところに生きた人間として出てきた。彼らは渡辺によって生き生きと描かれていた。これだと思った。渡辺に手紙を書いて送ったところ、渡辺のその後に出版された『愛への解放』（1981）が送られてきた。

　渡辺の本に記された旧約や新約に登場する人間たちは古の人とは思えなかった。彼らはわれわれと同時代の人でもあった。聖書は人間について書かれた書物である。彼らの生きた時代は今の我々が生きる時代でもあり、課題も同じである。生きるとは、神とはについては常に問われ続けなければならない課題である。

　それまでイエスもその他の人物も宣教の道具でしかなく、無味乾燥したものであったのが、血が流れて動きだし、われわれと変わらない人間として立ち現れてきた。

　渡辺は『聖書の人間たち』を書いたときは横浜の大教会の教師をしていたが、これでいいのかという疑問を抱いて大教会の教師を辞めてフィリピンに行き、戻ってから寿町に「なか伝道所」を開設し、寿町の人や在留外国人にさまざまな形で関わっている。後に大阪教区の天皇制委員会の 2011 年の 2.11 集会の講師として招くこととなった。

渡辺英俊『キリストへの道―入門十二講』（1971 刊）

渡辺英俊『今、教会を考える』（2001）

渡辺英俊『神社参拝を拒否したキリスト者（趙寿玉の証言））（2001）

渡辺英俊『神と魂と世界と―宗教改革小史』（2002）

渡辺英俊『イリアン・ジャヤへの道』（2003）

渡辺英俊『教会論入門』（2005）

清水恵三

　1981 年に読んだ本に清水恵三のものがある。単なる聖書についての説明書ではなく、聖書の理解が清水自身の言葉で表現されている。日常生活の中で考えさせてくれる内容である。

清水恵三『手さぐり信仰入門』（1979 刊）

清水恵三『辺境の教会』（1981）

清水恵三『手さぐり聖書入門』（1981）

清水恵三『信仰に生きる人びとを訪ねて』（1982）

清水恵三『イエスさまのたとえ話』（1983）

清水恵三『手さぐり人生入門』（1984）

清水恵三『黙想の旅』（1989）

前島誠

　歴史のイエスについての興味はすなわちユダヤ教への興味ともなった。このときに玉川大学の前島誠教授を知ることになり、玉川大学の研究室を訪ねたことがある。

　ラピデほか（青野太潮ほか訳）（『唯一神か三一神か—ユダヤ教とキリスト教の対話』（1988）は前島さんから教えられたもので、この本でユダヤ教とキリスト教のどちらがすぐれているか論争していたが、前島さんに言わせれば、ユダヤ教のほうが理があり勝っているということだった。

前島誠『自分のために生きる』（1986）

前島誠『自分をひろげる生き方』（1988）

前島誠『ワンポイント聖書』（1988）

前島誠『うしろ姿のイエス』（1988）

前島誠『聖書のことば』（2001）

前島誠『ユダヤ流逆転の発想』（2001）

前島誠『ナザレ派のイエス』（2001）

浅見定雄

　浅見定雄の『旧約聖書に強くなる本』（1988）に出会ったのは埼玉から大阪へ移住する 1987 年前後であった。彼はすでに旧約聖書に関する本を多数出版していて、『日本人とユダヤ人』を記した山本七平と旧約聖書のことで論争していた。それを書物にしたのが『にせユダヤ人と日本人』（1984）であった。わたし自身は別に『日本人とユダヤ人』に興味はなく読んでいない。

　そして『聖書と日本人』（1990）の中で、統計数理研究所の林知己と書かれている箇所があり、正しくは林知己夫ですと記した便りを出すと礼状が送られてきて、誠実な方だと思った。

大阪府八尾市時代（1987 年〜）

聖書研究の過程

イエスをどう理解するか

聖書についての勉強は 1987 年に八尾に帰ってからさらに本格化した。

キリスト教といっても結局はイエスをどう解釈するのかという問題に帰着される。そしてイエスをどう解釈するかの違いから歴史的にさまざまな抗争が生まれてきたし、この問題は現在においても大きな課題である。課題ではあるがわたしの場合ははっきりしている。イエスはあくまで人間であり、長い勉強の果てにそれ以外の解釈には自然に与しないようになった。

　八尾に帰ってしばらくして出身高校の東側に教団の教会があり、そこへ出席するようになったが、教師の話は聖書本来のものから離れていて、出席しても得るものはないと思い、同じ八尾市にあるが自宅からはやや離れた別の教団の教会に出席するようになった。そこはなんとか続けられそうに思った。

　しばらくしてこの教会の教師から教師検定試験の受験を勧められてその準備も始めたが、どうもそれはこれまでの趣旨と少しずれていると感じたが、まあいいやと思い、何年か前の試験の問題集を入手して神学部で学ぶような本を読み始めた。同時に大阪教区の「教会と天皇制を考える」委員会にも参加するように勧められた。

　勤務先の姫路獨協大学の人間科学センターの1994年に開かれた研究会で史的イエスについて日ごろ考えていることを報告したが、この時点で聖書を批判的に読むという態度はまだ甘さが残るもののその基本的な部分はすでにできていたことがうかがえる。このときに触れた死海写本に関する本はほとんど処分してしまった。史的イエスとは関係ないと分かったからである。この報告を一般教育部紀要に掲載したものを資料[1]に付ける。[資料1：「イエス理解についての覚書」]

旧約聖書

　それまでは借り物ではない著者自身の言葉で書いているような比較的読みやすい本を求めて読んでいたが、少しずつ研究書を読むようになった。そうした中で木田献一の本をおもしろいと思うようになり、旧約聖書に向かうようになった。読み始めた時期はどうやら八尾へ戻ってからのようだ。

　旧約聖書は新約聖書が編纂される前からあったように思いがちだが、今の形になったのは新約聖書ができたのに対抗してユダヤ人が再構成したものらしい。

　旧約は分量からいっても新約の4倍ほどあり、また新約にはないユダヤ人の歴史があり、最初はつかみどころのないものに思えたが、そのなかから自分の好みに従って読み始め、木田献一から特に預言者に興味を抱くようになった。そして史的イエスは新約聖書ではなくむしろ旧約聖書のなかに見られると思うようになった。

　1990年7月15日に天満教会で開かれた教団大阪教区「大嘗祭を考える会」主催の大嘗祭に関する集会で木田献一が講演した。その日は暑い日でクーラーのない礼拝堂で木田の抑揚のない淡々とした話を聴いた。集会後主催者に混じって近くの喫茶店に入って少し言葉を交わしたことを覚えている。

　気に入ったのは前期預言者に属するホセア、アモス、後期預言者に属するイザヤ（第1、第2、第3）、エレミヤ、エゼキエルなどで、特に前期ではアモス、後期では涙の預言者ともいわれるエレミヤ、第二イザヤであった。

　彼らの生涯はそのままイエスのものであった。だからイエスが死んだ後で、弟子たちがイエスの理解を旧約聖書に求めれば預言者たちの姿が浮かび上がるのは当然であり、同時にそこから犠牲死、罪が現れてくる。しかしイエスには犠牲死などという意識は毛頭なかったと思う。

「伝道の書」(「コヘレトの言葉」)は奇妙なものに思えた。どうしてこんなものがここに入っているのか理解できなかった。しかし仏教を学ぶに従って、その言わんとしていることはまさにゴータマの思想そのものではないかと思うようになった。

キリスト教と仏教といってもインドとイラクやシリアなどは地続きで当時の交流の豊かさを考えれば通じるものがあっても当然だ。この「伝道の書」の思想は「ヨブ記」にも通じているように思う。

堀田善衛の『時空の端っこ』で「創世記」と「伝道の書」(「コヘレトの言葉」)に触れているところがあり、落ち込んだときにこの部分を読むと気持ちが落ちついてくると記している。堀田が「伝道の書」で引用したのは9章の7節から10節にかけての箇所で、改めて読んでみると、これはイエスの世界に通じるものだと思った。ということはゴータマの世界とイエスの世界とは通じるところがあるということになる。

堀田が引用したのは文語訳聖書であるが、わたしには口語訳よりも状況をぴったり表していると思う。おおよそ以下のような内容である。「喜んでパンを食べ、酒を楽しむがいい。日々の暮らしを楽しめ。これらは働いた分に相当するものである。できることは力を尽くして行え。死んでしまえば仕事も智恵も知識も用をなさなくなるからだ。」

ついでに久しぶりに旧約聖書の他の部分もぱらぱらとめくってみると、そこから新鮮なものが涌き上がってくるように思えた。他の書物とはまったく違うのである。旧約聖書には生き生きとした現在のわれわれにも通じるにんげんの歴史が溢れているように感じる。あるヨーロッパの作家がもしも無人島に行かなければならないことになったら持っていくものは聖書である、と言っていたことを思い出す。中近東の歴史書としても文学としても大いに楽しめる大著でもある。いずれにしてもこのような書物は他にないことを再認識した。

この他に「ヨナ書」も小品ながらそこに記されている申命記神学に対する批判は独善的な今日の教会のありようを糾弾しているとみえておもしろい。

新約よりもむしろ旧約の勉強から大きなものを得たように思う。

笹森建美『旧約聖書に聞く─神の選び、人の応答』（1986刊）

浅野順一『モーセ』（1988）

本田哲郎『イザヤ書を読む』（1990）

木田献一『エレミヤ書を読む』（1990）

木田献一『旧約聖書概説』（1992）

木田献一『旧約聖書の中心』（1992）

木田献一『平和の黙示』（1992）

佐竹明『黙示録の世界』（1992）

レントロフ（大野恵正訳）『旧約聖書の人間像』（1992）

泉治典『聖書に学ぶ 旧新約聖書の一致をめざして』（1992）

ヘッシェル（森泉弘次訳）『イスラエル預言者（上）』（1992）

ノート（山我哲雄訳）『モーセ五書伝承史』（1993）

ヴォルフ（大串元亮訳）『旧約聖書』（1994）

赤司道雄『聖書─これをいかに読むか』（1995）

赤司道雄『旧約聖書捕囚以後の思想史』（1995）

ラート（荒井章三訳）『旧約聖書の様式史的研究』（1995）

木田献一『旧約聖書の預言と黙示』（1996）

木田献一『イスラエル予言者の職務と文学』（1996）

レントルフ（荒井章三訳）『神の歴史─旧約聖書の生成と思想』（1996）

ヴェスターマン（大串肇訳）『預言者エレミヤ』（1998）

小河信一『聖書の時を生きる ヘブライ人の時間感覚』（1998）

中沢洽樹『第二イザヤ研究』（1999）

木田献一『古代イスラエルの預言者たち』（1999）

金井美彦他2名『古代イスラエル預言者の思想的世界』（1999）

レントルフ（荒井章三訳）『神の歴史—旧約聖書の生成と思想』（1999）

ボテロ（角山元保訳）『神の誕生』（1999）

オルブライト（和井田学訳）『旧約聖書の時代』（1999）

ボテロ（角山元保訳）『神の誕生—メソポタミア歴史家がみる旧約聖書』
（1999）

浅野順一『預言者の研究』（1999）

樋口進『旧約聖書は何を語るか』（2000）

ブーバー（高橋虔訳）『預言者の信仰』（2000）

浅野順一『詩編研究』（2000）

新屋徳治『旧約預言者像』（1999）（海軍兵学校、日本聖書神学校校長）

新屋徳治『人生は航海』（2001）

新屋徳治『たましいの錨』（2003）

バルト（畑祐喜訳）『詩編入門』（2000）

ブーバー（高橋虔訳）『預言者の信仰1』（2000）

浅野順一他3『日本のキリスト教と旧約聖書』（2000）

クリュゼマン他1名（大住雄一訳）『キリスト教とユダヤ教—キリスト教
信仰のユダヤ的ルーツ』（2001）

バルト（西山健路訳）『ヨブ』（2001）

池田裕『旧約聖書の世界』（2001刊）

米倉充『旧約聖書の世界』（2001）

浅野順一『イスラエル豫言者の神学』（2001）

泉治典『アモス書・ホセア書を読む 王国の終焉』（2001刊）

木田献一『神の名と人間の主体』（2002）

興梠正敏『旧約聖書の人々』（2002）

高橋正男『預言者の世界』（2003）

山我哲雄『聖書時代史 旧約編』（2003）

ユダヤ教

　旧約聖書と称するのはキリスト教の立場であり、ユダヤ教の立場ではそれに相当するものが聖書（トーラー、ネイビーム、ケトビーム）であり、ユダヤ教には他にタルムード、カバラといった文書があるようだ。

　だから旧約を学ぶということは同時にユダヤ教を学ぶということにもなる。ユダヤ教では新約の存在は認めていない。ましてやイエスは神などといったものなら大変なことになる。イエス自身は新約聖書やキリスト教など知らない。彼はあくまでひとりのユダヤ人、ユダヤ教徒として生きて死んだのだ。

　ブーバー（野口啓祐訳）『孤独と愛―我と汝の問題』（1967）（卒業した年）

　ブーバー（野口啓祐訳）『対話の論理』（1967）（卒業した年）

　ブーバー（児島洋訳）『人間とは何か』（1968）

　ルードヴィヒ・ケーラー（池田裕訳）『ヘブライ的人間』（1971刊）

　ラピデほか（青野太潮ほか訳）（『唯一神か三一神か―ユダヤ教とキリスト教の対話』（1988）これは前島さんから教えられたものだ。彼はユダヤ教が勝っていますね、と言っていた。

　前島誠『うしろ姿のイエス』（1988）

　フロム（飯坂良明訳）『ユダヤ教の人間観』（1988）

　フルッサム・ショーレム（手島勲矢訳）『ユダヤ人から見たキリスト教』（1994）

　サフライ（カトリック聖書委員会訳）『キリスト教成立の背景としてのユダヤ教世界』（1996）

　アンドリーセ（市川裕訳）『ユダヤ教聖典入門』（1992）

　シーグフリード（鈴木一郎訳）『ユダヤの民と宗教』（1992）

並木浩一他『ヘブライズムとヘレニズム』（1992）

ディートリッヒ（山我哲雄訳）『イスラエルとカナン』（1992）

ニューズナー（長窪専三訳）『ミドラッシュとは何か』（1994 刊）

ニューズナー（長窪専三訳）『イエス時代のユダヤ教』（1996）

サフライ（カトリック聖書委員会監修）『キリスト教成立の背景としての
ユダヤ教世界』（1996）

イエルシャルミ（木村光二訳）『ユダヤ人の記憶 ユダヤ人の歴史』（1996）

吉見崇一『ユダヤの祭りと通過儀礼』（1996）

シュタインザルツ（有馬七郎訳）『聖書の人間像』（1996）

ウエーバー（内田芳明訳）『古代ユダヤ教』（1996）

荒井章三他『ユダヤ教の誕生「一神教」誕生の謎』（1997）

クライン（山我哲雄訳）『バビロン捕囚とイスラエル』（1997）

ディモント（藤本和子訳）『ユダヤ人―神と歴史のはざまで（上）』（1998）

ディモント（藤本和子訳）『ユダヤ人―神と歴史のはざまで（下）』（1998）

ヤング・ビヴィン（河合一充訳）『主の祈りのユダヤ的背景』（1998）

アロン他2名（内田樹訳）『ユダヤ教 過去と未来』（1998）

小河信一『聖書の時を生きる―ヘブライ人の時間感覚』（1998）

ゲッチェル（田中義廣訳）『カバラ』（1999）

コーヘン（市川裕他訳）『タルムード入門（3)』（1999）

荒井章三他『ユダヤ思想』（1999）

大沼忠弘『実践カバラ―自己探求の旅』（2000）

関根正雄外3名『ユダヤ思想（1)、(2)』（2000）

フルッサー（武田武長ほか訳）『ユダヤ人イエス―キリスト教とユダヤ教
の対話』（2000）

アドラー（河合一充訳）『タルムードの世界』（2000）

前島誠『ナザレ派のイエス』（2001）

土岐健治『初期ユダヤ教と聖書』（2001）

ブーバー（板倉敏之訳）『祈りと教え―ハシディズムの道』（2001）

クリュゼマン他１名（大住雄一訳）『キリスト教とユダヤ教』（2001）

加藤隆『一神教の誕生―ユダヤ教からキリスト教へ』（2002）

新約聖書

　新約聖書は最初にイエスの生涯を書き記したマタイ、マルコ、ルカの３つの共観福音書といわれるものと黙示的なヨハネの福音書が配置され、その次にルカが記したとされる使徒言行録、その後に多数のパウロの書簡その他が続いている。際限もないかのような膨大な量の仏典とはくらべものにはならない。

　このなかで文書として最初に公になったのはパウロの書簡であるが、パウロは直接イエスを目にはしていない。よくも悪しくもこのパウロが出てこなければキリスト教はユダヤ教イエス派として限定された地域宗教として終わっていたものである。しばらくしてパウロの書簡に対抗する形で歴史のイエスを語ろうとする福音書なるものを出てきて、公にされたものとしては時間的には逆になるが、内容から考えて編纂者がそのようにしたのであろう。

　イエスの死後、生前のイエスについての情報を独占的に持つ初期の弟子であるペテロたちがエルサレムに集まり彼らが権威とされていった。イエスについての知識の量によって弟子たちの間に優劣が生じ「伝える者」と「伝えられる者」ができてしまった。

　マルコによる福音書はエルサレム教会のイエス理解に反対し、生前のイエスが志向した「神の支配」を描き出そうとして60年ごろにギリシャ語で書かれた。

　マルコ福音書記者はおのれの主張（エルサレム教会批判）をイエスをして語らしめた。イエスが勧めたのは「神の支配」であって悪しき「律

法主義」や「教会主義」ではない。イエスは教会を作れとも言っていない。直接的に神の支配に生きろ、と言ったのである。

　マタイによる福音書は70年から90年にかけて、ルカによる福音書は80年から90年にかけて、ヨハネは120年ごろ、それぞれギリシャ語で書かれた。マルコによる福音書はイエスが好んで過ごしたであろうガリラヤの風の匂いがし、マタイは教会を想起させ、ルカは洗練された知的な色彩を、ヨハネは神秘的な印象を与える。幸運にもイスラエルやローマのバチカンを見ているせいか、それぞれのテキストから音や背景となった情景の場面が浮かび上がってくる。

　キリスト教たる所以は新約聖書にある。そして新約聖書は神聖にして侵すべからずのものであって新約聖書についての研究は神を冒涜するものとして長い間禁じられてきた。もっとも新約聖書を直接読むことができたのは教会関係のごく一部の人間だけであり、一般の信者は教職者の言葉を神の言葉として聞くだけであり、庶民が新約聖書を自由に読むことができたのはグーテンベルクの印刷機の発明とルターのドイツ語訳聖書（1522年）まで待たなければならなかった。

　近代になって多くの研究者たちの努力により、新約聖書とくに福音書について新たな理解がなされるようになった。様式史研究や編集史的研究といった方法で福音書の形成過程が明らかにされてきた。ドイツを中心にして新約聖書の研究結果が公表され始めた。現代の研究者としてはバルト、ブルトマン、モルトマン、コンツェルマンといったドイツ系の学者が有名である。

　それによると最初の文書はイエス語録とされるQ資料と自身の信仰告白を記したマルコによる福音書で、このQ資料とマルコによる福音

書の様式を踏襲して己の信仰告白を記したのがマタイによる福音書であり、ルカによる福音書だとされている。それぞれが己の思想を背景にイエスを理解したものであるから、互いに微妙に異なってくるのは当然である。だから福音書間でイエスの言動には互いに異なる場面も生じてくるのである。この Q 資料は単独での存在は確認されていない。

　バルトは西田幾多郎や滝沢克己ともかかわりがある。西田はバルトを評価したらしいが、西田の薦めでバルトのもとに留学した滝沢はバルトのように生まれながらのキリスト教徒ではないから、キリスト（つまりは神）との出会いがすべてのはじまりというわけにはいかなかったようで、この点でバルトと袂を分かった。それ（贖罪論）に先立つ「出会い」がなくてはそれが救いであるとどうして理解できるのかという。ただ滝沢は晩年洗礼を受けたが、贖罪信仰そのものを受け入れたかどうかは分らない。

　この滝沢は 1941 年に「天皇の神聖を信ずる点に於いて古来全国民が一致して来たという類いなき事実」と記しているようだ。（松岡由香子、1990 年「宗教研究」発表）
　西田も天皇制による八紘一宇の精神に対して哲学的な裏付けを軍に与えている。ふたりが共に戦中にこうした姿勢であったことは驚きであるとともに当時この国を覆っていた空気というものに思いを致さざるをえない。
　一方、バルトは 1934 年にナチズムに対抗し、政治から教会の独立を主張したバルメン宣言を起草している。このバルメン宣言にもとづき告白教会が作られた。渡辺信夫は戦後になって戦前の自身のありようを反省し教会を設立したがその名称が東京告白教会となっている。おそらくバルトの告白教会を倣ったものと思われる。

ブルトマンは「非神話化論」なるものを提唱した。これは 2000 年前のできごとを今日の常識で捉えることには無理があり、神話として捉え、実存主義的な解釈を施した上で再解釈する必要があり、どう解釈するかについてはその人の決断においてなされるものであると主張したとものとわたしは理解している。

　バルトにしろブルトマンにしろわたしにはなるほどと理解できるものではなく、後で記す上村静やドン・キューピットに出会うまですっきりしなかった。

　クルマン（前田護郎訳）『キリストと時』（1966）

　渡辺英俊『キリストへの道—入門十二講』（1971 刊）

　シモン（久米博訳）『原始キリスト教』（1972 刊）

　藤原一生『イエスの目』（1975 刊）

　ピーター（別宮貞徳訳）『イエスとその弟子』（1978）

　渡辺英俊『聖書の人間たち』（1981）

　フェンザック（浅井力訳）『イエスのたとえ話講解 マタイ』（1981）

　高田英治『イエスに出会った人々』（1981）

　フェンザック（浅井力訳）『イエスのたとえ話講解 ルカ』（1983）

　佐藤陽二『イエスのたとえ話講解 マルコ』（1983）

　マックナイト（加山久夫訳）『様式史とは何か』（1982 刊）

　齋藤正彦『聖書に親しむ—マルコ福音書に学ぶ』（1985 刊）

　モルトマンほか 4 名（佐々木勝彦ほか訳）『山上の説教を生きる』（1985 刊）

　ブルトマン（八木誠一他訳）『ブルトマン著作集 6 イエス・原始キリスト教』（1992）

　コンツェルマン（田中勇二訳）『原始キリスト教史』（1992）

　ブルトマン（八木誠一他訳）『ブルトマン著作集 イエス・原始キリスト教』

大阪府八尾市時代

（1992）

蛭沼寿雄『新約正典のプロセス』（1992）

ヘンゲル（大河陽訳）『神の子 キリスト成立の課程』（1993）

ヘンゲル（小河陽訳）『神の子』（1993）

大貫隆『隙間だらけの聖書—愛と想像力のことば』（1993）

大貫隆『神の国とエゴピズム—イエスの笑いと自然観』（1993）

大貫隆『マルコによる福音書注解（1）』（1993 刊）

川島貞雄『十字架への道—イエス福音書イエス・キリスト（マルコによる
　福音書）』（1994）

ボルンカム（佐竹明訳）『新約聖書』（1994）

ボンヘッファー（森野善右衛門訳）『説教と牧会』（1995）

ボアズ（高橋敬基訳）『新約聖書神学とは何か』（1996）

橋本左内『人の子イエス』（1997）

八木誠一『イエス・キリストの探求』（1998）

トロクメ（田川健三訳）『使徒行伝と歴史』（1998）

荒井献ほか監修『四福音書対観表』（2000）

秦剛平『ヨセフス—イエス時代の歴史家』（2000）

隅谷三喜男『近代日本の形成とキリスト教』（2001）

クロッサン（松田和也訳）『誰がイエスを殺したか—反ユダヤ主義の起源
　とイエスの死』（2001）

モルトマン（沖野政弘訳）『今日キリストは私たちにとって何者か』（2000）

榎十四郎『旧約と新約の矛盾』（2002）著者は機械工学専攻

小河陽『旧約の完成者イエス—福音書のイエス・キリスト（マタイによる
　福音書）』（2002）

喜多川信『歴史を導く神　バルトとブルトマン』（2002）

喜多川信『歴史を導く神 バルトとブルトマン』（2002）

ロイター（近藤千雄訳）『イエス・キリスト失われた物語—聖書が書かな

かった生と死の真実』（2002）

山口雅弘『イエス誕生の夜明け』（2002）

佐藤研『聖書時代史 新約編』（2003 刊）

加藤隆『福音書＝四つの物語』（2004）

大貫隆『イエスという経験』（2003）

大貫隆『福音書のイエス・キリスト 4 ヨハネによる福音書 世の光』（2004）

佐藤研編訳『福音書共観表』（2005）

大貫隆『イエスの時』（2006）

Q 資料

　福音書研究の結果、現存しないがそういうものがあったはずだと仮定されるイエス語録を Q（Quelle ＝原典）資料と称し、この語録とマルコ福音書をもとにしてマタイ福音書とルカ福音書が作られたのではないかとされている。Q 関連の本も多数読んだが教会へ寄贈した分に入れてしまったらしく 1 冊だけを残すだけになった。

　ジョン・クロッペンボルグ（新免貢訳）『Q 資料・トマス福音書』（1996）

史的イエス

　わたしのキリスト教についての読書はすべて史的イエスに向けて収斂していった。要するにイエスとはいかなる人間であったのかということであり、それ以外のことはどうでもよかった。

　イエスが 30 歳のころまで住んでいたナザレは地中海の港町ヤッフォとガリラヤ湖の中間に位置している小さな寒村で、イスラエルが南北に分かれていたころは北イスラエル王国に属し、サマリヤ人らの異邦人との混血が進んだため南ユダ王国からは異邦人蔑視の視点から蔑まれてい

た。つまり純粋の神の民ユダヤ人ではないというのである。そして北から良き人が出るわけはないとも言われ、そこで福音書に親切なサマリヤ人が逆説的に登場するわけである。

1989年のイスラエル旅行でナザレに寄ったが、前著『生きる意味を求めて』の資料5に載せていたものからナザレの部分を引用する。

「エズレル平原、カルメル山をかすめてナザレに向かった。ナザレはなんといってもイエスが少年時代を過ごしたところであり、まさにナザレびとイエスである。小高い丘にマッチ箱のような石の家がぽつぽつ建っていて、ときどき20頭ほどのヤギの群れを見かけた。群れは白、黒、茶が混在し、ヤギといえば白だと思っていたので珍しく思った。

人影はなかった。岩と草に覆われた丘に白い石の家々が広がる以外に何もない貧し気な風景が続いて、やがて埃っぽく薄汚れた殺風景な町に入った。道路に面した商店の看板はアラビヤ語で書かれていた。そこがナザレだった。幼いイエスの姿を探すような気持ちで左右に見入ったが、これがナザレかと思い、がっかりしたような気になった。

バスを手前の道路で降りて歩いて円錐形の屋根の「受胎告知教会」へ入った。大きな建物だった。教会の中の柱にはイエスの生涯を描いた絵とアラビヤ語が書かれた布が垂れ下がっていた。ここはもちろんユダヤ教でもないしまたキリストの諸宗でもないような気がした。アラブの臭いがした。

地下室に入ったが、まるで洞窟のような感じでイエスの時代はどうもこういうところが住居あるいはその一部として使われていたそうで、井戸、風呂もあった。もっとも今はそこに水はなかったが。

イエスは長じて大工それも指物師だったと言われているが、建物のほとんどは石であり木製のものはせいぜい戸や窓、机、椅子に限られ、大工ではなく石工だとも記した本もあり、石工は最も貧しい職業だったら

しい。」

（引用終わり）

　福音書によればイエスは 30 歳のころにヨルダン川でバプテスマのヨ
ハネから洗礼を受けたことになっている。そして 33 歳のころに十字架
刑に処せられているから公的生涯は 3 年だけということになる。

　聖母とされている母マリアは、父が誰だが分らないイエスを出産した
ため村では当然つまはじきにされていたはずである。この母子の命を支
えたのがヨセフである。このヨセフこそがイエスの成長を支え、仕事も
教えたのであろう。しかしマリヤは息子のことを何一つ理解できない母
であった。

　義父であるヨハネの死後、大工をしながら母や兄弟のために家計を支
えていたイエスがある日ふいと家を出たのだから残された家族にとって
は大いに困ったであろう。母にすれば息子は頭がおかしくなったと思っ
たであろう。

　30 歳になるまで、大工仕事をしながらイエスは何を考えていたのだ
ろう。

　彼は何を考えてヨルダン川へ行ったのだろう。

　イスラエル旅行のときのガイドだった毛利さんは「イエスは出るべく
して出てきた」と言っていた。当時のユダヤの貧しい人たちは政治的に
ローマ帝国から、またエルサレム神殿からも税を搾り取られ、貧困の中
に喘いでいた。そうした背景を毛利さんは言ったものと思う。

　イスラエルは聖典を持つ民族として自らを神に選ばれた選民と称し、
他の民族を神の救いから遠く離れた異邦人として蔑視してきた。もちろ
ん行き過ぎた選民意識に対する批判も聖書（「ヨナ書」など）に記され
ている。

イスラエルは「創世記」、「出エジプト記」、種々の歴史書、預言書などによると古代からアッシリアやシリア、バビロニアによって侵略され続け、バビロン捕囚という経験もし、小国であるが故の辛酸をなめてきた歴史をもち、イエスのころは北イスラエル王国と南ユダ王国に分裂していた。

イエスが出る前にはローマの属国とされていて、それに対して選民意識の強いイスラエルは自分たちのおかれた奴隷状態に我慢がならず、独立を求める運動が何度も繰り返され、イエス後の66年に第一次ユダヤ戦争、132年に第二次ユダヤ戦争が起こり、いずれもローマによって鎮圧され、ついにユダヤ人は故国に住むことが禁じられ、離散（ディアスポラ）となり、その後1900年にわたって世界を放浪する民となった。

イエス自身もそうした自国のローマに対する抵抗の息吹も知っていたであろう。事実イエスの弟子の中にもローマからの独立を求める熱心党と称される過激派もいたそうで、イエスを捕縛しにきた兵士に切りかかったとも記されている。しかしイエスはそれだけではなかったようである。

イエスは「神の支配」が現前していると主張した。これは神自身がこの世に直接介入するのであるから、ユダヤ教の「律法の支配」や「神殿の支配」を無意味にする。

わたしにとって史的イエスは当時社会の底辺に押し込まれ、罪人として虐げられていた人びと（収入の低い仕事についているためユダヤ教で定められた献金ができない人、宗教的に下位に位置づけられた仕事の人、伝染病にかかった人、子ども、乞食、誇るものを持てない人など）の立場に立つから、当然政治的、宗教（ユダヤ教）的な権力に対して批判的にならざるをえない、そのような人として残存している。また田舎の農民の生活や自然の営みに根ざした譬えはイエス由来のものと思われる。

だからそれ以外の宣教的であったり、勧善懲悪的なところや民衆に対して罪を強調するような要素を持つ箇所はその後の弟子たちによるものと考えている。

　イエス自身の言葉と考えられるものを福音書から抜き出して 2005.12.11 の出来島伝道所での使信としたその一部を引用する。

使信「史的イエスの言葉」
［マルコによる福音書］
「時は満ち、神の国は近づいた。悔い改めて福音を信じなさい。」（1:15）
「神の国は次のようなものである。人が土に種を蒔いて、夜昼、寝起きしているうちに、種は芽を出して成長するが、どうしてそうなるか、その人は知らない。土はひとりでに実を結ばせるのであり、まず茎、次に穂、そしてその穂には豊かな実ができる。実が熟すと、早速、鎌を入れる。収穫の時が来たからである。」（4:26-29）
「神の国を何にたとえようか。どのようなたとえで示そうか。それは、からし種のようなものである。土に蒔くときには、地上のどんな種よりも小さいが、蒔くと、成長してどんな野菜よりも大きくなり、葉の陰に空の鳥が巣を作れるほど大きな枝を張る。」（4:30-32）
「子たちよ、神の国に入るのは、なんと難しいことか。金持ちが神の国に入るよりも、らくだが針の穴を通るほうがまだ易しい。」（10:24-25）

［マタイによる福音書］
「敵を愛し、自分を迫害する者のために祈りなさい。あなたがたの天の父の子となるためである。父は悪人にも善人にも雨を降らせてくださるからである。自分を愛してくれる人を愛したところで、あなたがたにどんな報いがあろうか。」（5:44-46）

大阪府八尾市時代

「空の鳥をよく見なさい。種も蒔かず、刈り入れもせず、倉に納めもしない。だが、あなたたちの天の父は鳥を養ってくださる。あなたがたのうちだれが、思い悩んだからといって、寿命をわずかでも延ばすことができようか。なぜ衣服のことで思い悩むのか。野の花がどのように育つのか、注意して見なさい。働きもせず、紡ぎもしない。しかし、言っておく。栄華を極めたソロモンでさえ、この花の一つほどにも着飾っていなかった。今日は生えていて、明日は炉に投げ込まれる野の草でさえ、神はこのように装ってくださる。まして、あなたがたにはなおさらのことではないか。信仰の薄い者たちよ。だから、『何を食べようか』『何を飲もうか』『何を着ようか』と言って、思い悩むな。それはみな、異邦人が切に求めているものだ。あなたがたの天の父は、これらのものがみなあなたがたに必要なことをご存じである。何よりもまず、神の国と神の義を求めなさい。そうすれば、これらのものはみな加えて与えられる。だから、明日のことまで思い悩むな。明日のことは明日自ら思い悩む。その日の苦労は、その日だけで十分である。」（6:26-28）

「あなたは、兄弟の目にあるおが屑は見えるのに、なぜ自分の目の中の丸太に気づかないのか。」（7:3）

「二羽の雀が１アサリオンで売られているではないか。だが、その一羽さえ、あなたがたの父のお許しがなければ、地に落ちることはない。」（10:29）

「自分の命を得ようとする者は、それを失い、わたしのために命を失う者は、かえってそれを得るのである。」（10:39）

「だれでも、わたしの天の父の御心を行う人が、わたしの兄弟、姉妹、また母である。」（12:50）（単なる血縁の故は問題にならない。）

「あなたがたの目は見ているから幸いだ。あなたがたの耳は聞いているから幸いだ。はっきり言っておく。多くの預言者や正しい人たちは、あなたがたが見ているものを見たかったが、見ることができず、あな

たがたが聞いているものを聞きたかったが、聞けなかったのである。」
（13:16-17）

「子供たちを来させなさい。わたしのところに来るのを妨げてはならない。天の国はこのような者たちのものである。」（19:14）

「ものの見えない案内人、あなたたちはぶよ一匹さえも漉して除くが、らくだは飲み込んでいる。」（23:24）

［ルカによる福音書］

「貧しい人々は、幸いである、神の国はあなたがたのものである。今飢えている人々は、幸いである、あなたがたは満たされる。今泣いている人々は、幸いである、あなたがたは笑うようになる。」（6:20-21）

「あなたたちは人に自分の正しさを見せびらかすが、神はあなたたちの心をご存じである。人に尊ばれるものは、神には忌み嫌われるものだ。」（16:15）

「自分の命を生かそうと努める者は、それを失い、それを失う者は、かえって保つのである。」（17:33）

（引用終わり）

　こうしたイエスの言葉はユダヤの政治的な独立を求めたものとは解せない。むしろ禅的とさえ思える内容である。

「出エジプト記」に記されているようにモーセによって奴隷の地エジプトからの世代が変わるほどの長い旅を経て、ようやく父祖の地に辿り着いてからさまざまな試練に出会うたびに神の導きによって生き延びてきたユダヤの民がいつしか忘れ果ててしまったその神に従って生きること、神の支配、神の国を求めて生きること、本来の意味の選民として生きることをイエスは求めたのではないかと思う。

大阪府八尾市時代

　しかし当時のユダヤとローマとの軋轢のなかで、政治的な渦の中に巻き込まれていったのであろう。

　聖書（旧約聖書）、それにタルムード、カバラといった文書に神の国あるいは神の支配といったイエスの思想を見いだすことができるのだろうか。こうした課題はすでにヘブライ大学などで十分に研究し尽くされていることであろうが、わたし自身の課題としても考え続けていきたいと思っている。

　イスラエルの１世紀頃の墓から出土した平均的な人骨の頭部を復元し、当時の尊敬されるべき髪型に合わせてイエスの顔貌を再現するという試みがあり、復元されたイエスの顔貌をどこかのメディアで見たことがあるが、ちりちりの黒い巻毛、浅黒い肌、丸顔に丸い鼻というアラブ人の顔のイエスになっていたが、別に驚きもしなかった。長年、大工または石工を続けてきたのだから生っちょろい男ではなかったはずだ。

　この史的イエスについての先がけはライマールスというドイツ人で1694年に生まれ、1768年に死んでいるが、300年も前に史的イエスについて考えたというところがすごい。生前はまったく顧みられることはなかったそうだが、レッシングがライマールスを見いだし、シュバイツァがライマールスがイエスを史的にとらえた最初の人だと記している。

テイラー（小黒薫訳）『イエスの生涯と活動』（1956刊）

日本聖書学研究所（八木誠一編集）『史的イエスの問題』（1964刊）

高橋虔『イエスの生涯と思想』（1967刊）巻末の文献が役に立つ

高尾利数『イエスの根源志向』（1970刊）

クルマン（川村輝典訳）『イエス当時の革命家たち』（1973刊）

山岸外史『人間キリスト記 或いは神に欺かれた男』（1979）

陶山義雄『イエスをたずねて』（1980）

石原兵永『イエスの招き』（1980）

トルーブラッド（小林哲夫他訳）『キリストのユーモア』（1980）

川上与志夫『イエスをめぐる人びと』（1981）

高田英治『イエスに出会った人々』（1981）

茂洋『棄てられた石』（1983）

シュトウルンク（伊藤紀久代訳）『十字架のイエスに出会った人々』（1986）

ライヒ（片桐ユズル他訳）『キリストの殺害』（1988）

小河陽『イエスの言葉―その編集史的考察』（1991）

ハンター（岡田五作他訳）『史的イエスと福音書』（1991）

ショットルフ・シュテーゲマン（大貫隆訳）『ナザレのイエス』（1991）

ミトン（木下順治訳）『イエス：その事実と信仰』（1991）

高田英治『イエスに出会った人々』（1992）

坂口吉弘『ラビの譬えイエスの譬え』（1992）

ペールマン（秋山卓也訳）『ナザレのイエスとは誰か』（1993）

スウィードラー（八木誠一訳）『イェシュア―現代人のモデル・イエス』
（1994）

赤司道雄『旧約聖書からイエスへ』（1995）

カーペンター（滝沢陽一訳）『イエス』（1995）

サフライ（有馬七郎訳）『イエス時代の背景』（1996）

ダン（庄司眞訳）『イエスの弟子とは誰か』（1996 刊）

橋本左内『人の子イエス その人間解放の生涯』（1997）

ボルンカム（善野碩之助訳）『ナザレのイエス』（1997）

赤岩栄『キリスト教脱出記』（1997）（史的イエスから教義の無根拠に気づ
く）

竹森満佐一『イエス伝研究をめぐって』（1997）

大阪府八尾市時代

ハイリゲンタール（新免貢訳）『イエスの実像を求めて』（1997）

リッチズ（佐々木哲夫訳）『イエスが生きた世界』（1997）

キー（浜野道雄訳）『イエスについて何を知りうるか』（1997）

平野保『イエスと神の国』（1997）

シュタウファー（川島貞雄訳）『イエスの使信』（1998）

ハイリゲンタール（野村美紀子訳）『誤解されたイエス』（1998）

シュトラウス（岩波哲男訳）『イエスの生涯（1）』（1998）

ブラウン・コンツェルマン（佐藤研訳）『イエスの時代』（1999）

トロクメ（加藤隆訳）『受難物語の起源』（1999）

フルッサー（武田武長他訳）『ユダヤ人イエス　キリスト教とユダヤ教の対話』（2000）

川島重成『イエスの七つの譬え』（2000）

ATD・NTD 聖書注解刊行会『日本版インタープリテイション　No.42 史的イエス』（2000）

モルトマン（沖野政弘訳）『今日キリストは私たちにとって何者か』（2000）

クロッサン（松田和也訳）『誰がイエスを殺したのか』（2001）

ボーグ（小河陽訳）『イエス・ルネサンス―現代アメリカのイエス研究』（2001）

ボロシュ（赤波江春海他訳）『イエスとの実存的出会い』（2002）

トロクメ（加藤隆訳）『四つの福音書、ただ一つの信仰』（2002）

榎十四郎『イエスと世俗社会』（2002）

ペールマン（田村宏之訳）『イエスとは誰か？』（2003）

大貫隆『イエスという経験』（2003）

大貫隆『福音書のイエス・キリスト 4　ヨハネによる福音書 世の光』（2004）

大貫隆『イエスの時』（2006）

土井正興『イエス・キリスト』（2017）

死海写本

　死海のほとりで羊飼いの少年によって発見され数奇な運命を辿った羊皮紙に記されたシナイ写本と言われるものは今世紀最大の発見と言われ、キリスト教の謎を解く手がかりになると記されていたのでかなりの関係書を読んだが、史的イエスにつながるような情報は得られなかった。読み終えた本はほとんど処分してわずかに以下が残るだけである。

小堀巌『死海』（1990）
ラペルーザ（野沢協訳）『死海写本』（1991）
土岐健治『はじめての死海写本』（2003）

復活信仰

　福音書には、イエスはローマ帝国に対する反逆罪として十字架上で死んだ後、墓に葬られたが3日後に復活したと記されている。ルカによる福音書では復活のイエスが弟子たちの前で焼いた魚を一切れ食べてみせ、ヨハネによる福音書では復活のイエスが弟子たちに自身の手とわき腹を見せ、復活を信じないひとりの弟子に自身の手とわき腹を触らせている。

　いずれも復活のイエスを信じさせようと涙ぐましい努力をしている様子が描かれている。とはいえ、その復活したイエスはその後昇天してしまい再び出会うことはできない。

　この他にも、イエスだけではなく、他にヨハネによる福音書でラザロの生き返り、ルカによる福音書でやもめの息子の生き返り、が記されている。

　イエスの復活がキリスト教の生命線であり、これを否定すれば何も残るものはなく、なにを措いてもこのことだけは譲れないとされている。そしてこのイエスの復活を受け容れなければキリスト教信者として認め

大阪府八尾市時代

られないとなれば、とりわけそうした認識に疎い現代の東洋人にとっては大きな躓きとなる。

多くの聖書研究の本を読み進むにつれて解り始めたのは、イエスという男が生き返ったのではなく、あれだけ期待していたイエスの死に直面し絶体絶命の状況になった弟子たちが、やがて生前のイエスを理解しようとして当時の聖書であった旧約聖書に答えを求め、考え抜いた末にイエスが何を言いたかったのかを認識し、そこを基点に弟子たち自身がもう一度立ち上がり生き始めたと理解すればいいということであった。

信頼している20歳ほど年長のある教師が「イエスがむっくり起き上がるはずがない」と言ったのが耳に残っている。

中世であれば、イエスの復活を否定するようなことがあればたちまち異端審問にかけられ悪くすれば焚刑に処せられるところである。いい時代に生きていることに感謝しなければならない。300年ほど前に聖書を研究の対象としたドイツのある学者はドイツのすべての教会や大学から閉め出されてしまいその後は惨憺たる人生を過ごさざるをえなかったらしい。それから今日までの聖書研究の賜物を享受できることはまことに幸運でわたしがこのような復活理解に至ったのはすべてこうした読書からである。

椎名麟三は『私の聖書物語』で、復活したイエスについて「文章で描かれたものとして、キリストの手や足をすでに見たのだ。そして見たものが、私に強いショックを与えたのだ。」と記している。ヨハネによる福音書でのイエスが弟子たちに自身の手とわき腹を見せた情景が重なったものと思われる。

復活ということではないが、安藝基雄『平和を作る人たち』（1984）に「十字架につけられたままのイエスの姿がありありと見えた」というくだりがある。

　彼は学生時代無教会の会員であった。1944年に軍医として満州に赴き、1945年の敗戦によってシベリヤに4年間抑留されることになった。抑留中もさまざまなことがあり、いよいよ帰国の途につき、舞鶴から京都までの列車のなかで共産党に入党すると回答した1000人近い者の中で入党しないと回答した3名のなかの1名になり、卑怯者と罵られる中の絶体絶命の状況のなかで、上のくだりが出現したという。

　学生時代から何度かの引っ越しに耐えて本箱にあったが、いつのまにかなくなってしまったために著者や書名を忘れたが、ある女性教師が記した本で、氏が苦労に苦労を重ねて教会を立ち上げたが、それがうまくいかず、絶体絶命の状況に陥ったときに、復活のイエスを見たと記している。

　こうして見ると、どうやら絶体絶命の状況に陥って始めて復活のイエスに出会うということが起こり易いようである。しかし絶体絶命といっても上記の例に限れば客観的にはそれほど大したことではない。

永遠の生命

　新約聖書にしばしば登場する「永遠の命」も理解しにくいものである。大乗仏教では宗派にもよるが、亡くなると西方浄土に往き、そこで仏となって（成仏）生きるというような話になっている。

　ユダヤ人は旧約聖書ではすでに亡くなった人、例えば神話上の父祖であるアブラハムなどは生きている人に先立って神のもとへ行き、こちらに顔を向けて地上にいる者を見下ろしているという認識をしているそう

大阪府八尾市時代

で、つまり先に行っているという認識である。

　それに対してわれわれ日本人は、亡くなった人は歴史の流れのなかで通り過ぎてしまった過去の人、つまりわれわれの後方へ去った人で、生きている者は亡くなった人を後に残して先に進むという認識のように思う。つまり聖書の世界（ユダヤ）とわれわれとは死者に対する認識はまったく逆といえそうである。

　とはいえいずれにしても亡くなったひとはこの地上とは違うどこかへ移行してしまうということになる。

　古代ではそれまで生きて話をしていた人が急にいなくなる（死ぬ）ということが理解できなかったのであろう。

　古代エジプトにおいても復活信仰があり、死者をミイラにしあの世でも生きることができるように必要とされるものを墓に用意していたらしい。また同じような慣習がシルクロードのミーラン遺跡でもミイラが発見されたし、不死を求めた始皇帝の墓も大層なもののようであり、南米の先住民にも見られ、インカの末裔に自宅にはイエスの絵と先祖の頭蓋骨とは並べられ礼拝されているそうだ。日本でも東北地方の寺に生き仏となった僧のミイラがある。世界の各地でも行われていたようだがそれらは古代の話である。

　ゴータマにおいてはすべては無常である。だからいつまでも生きているということはありえない。

　そもそも太陽の寿命すなわち地球の寿命の残りはおおよそ 55 億年とされている。だからその地球に存在するすべての生命もそれ以上に生きながらえることは不可能であり、ましてや宇宙にも寿命があるということになれば、永遠の生命ということはありえないことになる。

山内真『復活』（1979 刊）

丹羽銀之『エマオへの道』（1983）（東京の教文館で購入）

半田元夫『イエスの死』（1994）

リューデマン（橋本滋男訳）『イエスの復活』（2001）

ケーゼマン他（安積鋭二訳）『イエスの死の意味』（2002）

ヴィルケンス（中野健一訳）『復活』（2000）

ロイター（近藤千雄訳）『イエス・キリスト失われた物語』（2002）

マルクセン他（村上伸訳）『イエスの復活の意味』（2005）

聖書外典偽典

　旧約においても新約においても正典化されないで除外されていった伝承が多数残っていて、それらのなかにも史的イエスの一端を伝えるものがあると思っている。

村岡崇光・土岐健治訳『聖書外典偽典』全 7 巻補遺 2 巻（1991）

ロスト（荒井献他訳）『旧約外典偽典』（1991）

エレーヌ・ペイゲレス（荒井献他訳）『ナグ・ハマディ写本』（1991）

ブルース（川島貞雄訳）『イエスについての聖書外資料』（1991）

荒井献『トマスによる福音書』（1995）

荒井献『隠されたイエス―トマスによる福音書』（1996）

筒井賢治『グノーシス』（2004）

クロスニー『ユダの福音書を追え』（2006）

ロドルフ・カッセル他『ユダの福音書を追え』（2006）

カッセル他 3 名『原典 ユダの福音書』（2006）

異端

ローマの国教となっていったキリスト教に対してグノーシス派、ある

いはマルキオン、アリウス、ネストリウスといった人たちが登場したが、それらは異端として切り捨てられた。

　カトリックは自身の宗教教義を強要し異なる解釈を許さなかったようだ。カトリックの歴史を考えると異端審問の問題は避けては通れない。おぞましいできごとが教会や神の名において繰り広げられた。西方に伝わったキリスト教がどういう性格のものかがよく分かる。東方に伝わったキリスト教の異端問題についてはあまり聞かない。このおぞましい制度はルネサンスが起こるまで中世に暗黒の時代をもたらした。

　フェルナン・ニール（渡邊昌美訳）『異端カタリ派』（1979 刊）

　ベイゲルス（荒井献他訳）『ナグ・ハマディ写本―初期キリスト教の正統と異端』（1991）

　原田武『異端カタリ派と転生』（1991）

　アンヌ・ブルノン（小田美明訳）『カタリ派』（2015）

　堀込庸三『正統と異端』（2015）

　甚野尚志『中世の異端者たち』（2015）

　堀田善衛の本にもよく出てくる（『路上の人』（2015）、『ゴヤ』（2015））

解放の神学

　侵入者であるヨーロッパ人の圧政からの解放を目指して中南米のカトリックの神父が民衆（先住民）と共に銃を持って政治的な行動を起こした。

　グティエレス他 1 名（梶原寿訳）『解放と変革の神学』（1979 刊）

　伊藤義清ほか 3 名『解放の神学―日本からの視点』（1996）

　グティエレス（関望ほか訳）『解放の神学』（2000）

その他の聖書関連書籍

古屋安雄ほか1名『日本の神学』（1989刊）

ユング（林道義訳）『ヨブへの答え』（1990）

速水敏彦『イエスの教え マタイのアングル』（1992）

ベートゲ他1名（宮田光雄ほか訳）『ディートリッヒ・ボンヘッファー』
（1992）

佐藤敏夫『宗教の喪失と回復』（1995）

久保田展弘『日本多神教の風土』（1998）

今村好太郎『ツヴィングリとその神学』（1999）

モルトマン（蓮見和男訳）『人間―現代の闘争の中におけるキリスト教人
間像』（1999）

堀光男『戦う教会』（2000）

ティリッヒ（茂洋訳）『永遠の今』（2000）

隅谷三喜男『近代日本の形成とキリスト教』（2001）

雨宮栄一『ドイツ教会闘争の挫折』（2001）

ヴォルフ（柏井宣夫訳）『終わりなき平和』（2001）

前島誠『聖書のことば』（2001）

榎十四郎『旧約と新約の矛盾』（2002）

伊藤義清ほか4名『キリストの証人たち 抵抗に生きる（2）』（2002）

松原秀一『異教としてのキリスト教』（2002）

浅野順一『人はひとりである―時代に対する一伝道者の告白』（2005）

ニーチェ（適菜収訳）『キリスト教は邪教です』（2005）

押田成人『祈りの姿に無の風が吹く』（2011）

押田成人『遠いまなざし』（2011）

本田哲郎『釜ヶ崎と福音』（2011）

宮原浩二郎『ニーチェ・賢い大人になる哲学』（2016）

大阪府八尾市時代

関連する宗教

ゾロアスター教

　アフロマズダーが教祖とされ拝火教とも称されるゾロアスター教は今もイランに残っている。この宗教が東西に伝わり、ユダヤ教にも影響を与えたようだが、わたしの史的イエスの理解にはそれほど影響を与えるものではなかった。

　岡田明憲『ゾロアスター教の神秘思想』（1992刊）
　ベック（西川隆範訳）『秘儀の世界から』（1993）
　山本由美子『マニ教とゾロアスター教』（1998）
　青木健『ゾロアスター教』（2008刊）
　前田耕作『宗祖ゾロアスター』（2009）

東方正教会

　キリスト教がある時期に西方のカトリック教会と東方の正教とに分裂し、それぞれの歴史を辿った。

　日本では東京の神田にロシア正教のニコライ堂があり、同じく函館に函館ハリストス教会がありどちらへも行ったことがある。神戸にもあるようだがこちらへは行っていない。プロテスタントにおける説教というものはなく、髭を生やしたロシヤ人の教職が煙を出してくすぶる香料を入れた容器を振り回しながら出たり入ったりするなかで、ずっと合唱が続けられ、その音声が煙が漂うドームに響き渡ってそれ自体はすばらしいものである。しかしそれは単に情緒的なものにすぎないと思った。

　なお、ドストエフスキーの本にはロシア正教の影響が色濃くあり、史的イエスとはやや趣旨が違うが、彼の本にはにんげんとにんげん社会が孕む深刻な課題が包含されているように思う。

61

高橋保行『東方の光と影』（1991）

高橋保行『ギリシャ正教』（1992）

イスラム教

　イスラム教は馴染みのない遠い世界の宗教だと考えていたが、旧約聖書、ユダヤ教を勉強すると自然にイスラム教が現れてくる。イスラム教の教祖のムハンマドはユダヤ教とキリスト教の歴史を踏まえて啓示を受けてクルアーンを書き記したとされている。そこではイエスは神の子ではなく尊敬すべき預言者のひとりという位置づけがされていて、きわめて自然である。

　イスラム教にも派閥があり、多数派のスンニー派と少数派のシーア派があり、時には抗争を起こしているようだ。

　しかし偶像礼拝を禁じるという点では徹底しているようで、その点ではユダヤ教やキリスト教よりも沙漠の宗教という色合いが強い。

　イスラム寺院の擬宝珠の形をしたモスクにはなぜか格別の愛着がある。とりわけウズベキスタンのサマルカンド、ブハラ、ヒワなどのモスクやミナレットは書物を通してしか知らないが、壁の彩りや模様は息をのむようなすばらしいものである。実際に目にしたことがあるのはスペインのアルハンブラ宮殿やコルドバのメスキータであるが、これらをさらに超える壮麗さがウズベキスタンにはあるようだ。この世のものとも思えないというのはこの建築物のためにあるように思える。

　壁の色彩の一部に使われている青はラピスラズリという名前の石だそうだが、あの青色は最初に目にしたときから忘れられないものとなった。イスラム教における青色は天国の色だとイスラエル旅行の途中で立ち寄ったトルコのガイドさんに教えられた。

　ウズベキスタンへ行きたいとは思ったが、その機会がないままである。ソ連解体後は、かの国は独裁体制が敷かれているようでそうしたことも

行くことをためらわせている一因である。

ナセル・ケミール（いとうせいこう訳）『イスラムの言葉』（1996刊）

井筒俊彦『イスラーム生誕』（1988）

ニコルソン（中村潔訳）『ペルソナの理念』（1989）

井筒俊彦『イスラーム文化―その根底にあるもの―』（1989）

前嶋信次『イスラムの宗教と歴史』（1989）

加賀谷寛『イスラム思想』（1989）

井筒俊彦『超越の言葉』（1991）

新藤悦子『チャドルの下から見たホメイニの国』（1992）

荻野矢慶・関治晃『ウズベキスタン　シルクロードのオアシス』（2000）

菊間潤吾『イスラムの誘惑』（2001）

吉田光邦『啓示と実践　イスラム』（2001）

ヒンドウ教

　沙漠の天啓の宗教とはまったく対極にあるのがヒンドウ教のように思われる。そのヒンドウ教に触れたことがあるので記しておく。

　1994年に天皇制の委員会のメンバーからネパールへ行ってきましたということを聞いて、上の妹も行ったので興味を持ち詳細を尋ねると、教会関係の人が中心になって毎年冬休みを利用してネパールへ10日前後訪問し、小学校や診療所などの施設を作る作業をしているということが分った。

　1994年の暮れに初めてネパールを訪れた。首都カトマンドウから離れた山奥へガタガタのマイクロバスで山の下まで行って、そこから荷物を担いで登って村に入り、廃屋を借りて寝泊まりした。ベッド、風呂、トイレがない。水も電気もない。道には牛や犬の糞がたくさん落ちているが、人工の光や音が一切ない静寂な佇まいは心打たれるものであり、

いにしえの日本の姿がそこにあった。

　作業そのものは建物の設置場所へ歩いていって、レンガをセメントで固めて積んでいく職人さんにレンガを手渡すという簡単なものであった。5日間ほどでそれが終わると山を下りてカトマンドウやバクタプール、パタンといった古都を見学した。

　やはり興味をもったのがヒンドウ教である。道端の石、飛び出た木の根、大木などそれこそ至るところに赤や黄色の粉が塗り付けられていて、そこに花や草が置かれていて礼拝の対象となっていた。

　古都にはヒンドウ教の寺院があちこちにあり、古ぼけているがその佇まいはすばらしいものであった。とくにバクタプールのダルバール広場はすばらしい。いつまでも座っていたい場所であった。チベット仏教の寺院も混在していて区別がなかなかつきにくいが、仏教寺院は少なく目玉寺といわれるボタナート、それにスワヤンブナートが主なものであった。ここでは両宗教は共存しているようである。

　天啓の宗教とは対極にあるようにみえるが、神は一つであって、時と場所によって姿を変えるらしい。姿を変えてそれぞれ具体的な像の姿をもって表れるというのがクセモノであるが、神がたくさんいるという意味での多神教とは違う。それならすべてのものに神が宿るという日本古来の神と同じではないか。

　姿を変えて現れる神の姿はブラフマー、ビシュヌ、シヴァ、それにカーリー、その他に象の形のガネーシャ、翼を持つガルーダ、猿のハヌマン、蛇のナーガなどにぎにぎしい。

　ヒンドウ教といえば赤や黄にベタベタ、ギトギト、そして形容のしがたい匂いという印象が強く、それに血である。

　驚いたのはいまだに動物の生けにえが捧げられていることである。それは街から少し離れたところにあるカーリー神の寺院で、大理石を敷き詰めた15m四方くらいのスクエアの周囲にはカーリーらしき像が多数

大阪府八尾市時代

内側に向けて立っていて、その上にほとんどが鶏であるが、たまには山羊の生きたその首を係の男が次々となんの躊躇もなく切り落とし血をカーリー像に振りかけるのである。大理石の床は血の海である。いにしえのエルサレム神殿もかくやと思われた。少し離れた施設で煙が立ちのぼり肉が焼ける匂いが辺りに立ちこめていた。

ヒンドゥ教は御利益宗教の色彩が強いが、それだけにんげんの赤裸々な姿があった。鶏を抱えて順番を待つ人たちの形相は必死だった。それだけ生活が大変なのだろう。日本では相対的に豊かになり、宗教施設へは行くがそれほど期待しているわけではなく、今や娯楽の一環として行くのであろう。

驚いたことのもうひとつは公開の火葬であった。日本では多くの人の前で遺体が焼かれることは普通ではまずない。川に沿って立つパシュパティナート寺院で川沿いに遺体を焼く石の台がいくつか備えられていた。たまたまそこに遺体が運ばれてきて井桁に組んだ木の上に載せられ、やがて火がつけられ煙が立ち上った。あたりには髪の毛の焼ける匂いが立ちこめた。遺体が灰になると、台の上のものをすべてそのまま川に投げ捨て帚で掃いて終わりである。

仏教がバラモン教を否定する形で現れたがそれと対抗するようにバラモン教に民衆の宗教を取り込んだのがヒンドゥ教であり、当然カースト制度もある。バラモン教を否定した仏教についていけない民衆がヒンドゥ教を求めたのであろう。そのヒンドゥの神々をぱくったのが大乗仏教である。だから日本の仏教寺院にはゴータマの代わりにヒンドゥ教由来の仏像わんさかいる。そもそもゴータマの仏教には神はいない。

聖書関連言語

ギリシャ語

埼玉時代に無教会の流れを汲む人たちによって聖書原典の研究会なるものが年1回開かれ、その年は「嵐山町ふれあい交流センター」において一泊で開催されるということを知りギリシャ語コースを申し込んだ。ギリシャ語の受講者は数名だった。「主の祈り」のギリシャ語を暗記したりしたが、これは後の教団の教師検定試験のときに役に立った。

山本書店が1978年に発行している岩隈直訳注の『希和対訳脚注つき新約聖書』のシリーズを購入している。教文館が『日本語対訳ギリシャ語新約聖書』(1996) というのをシリーズで出版したのでそれをよく読んだ。山本書店のものより大判で見やすく、よく読んだ箇所が後の教団の試験に出題された。

新約聖書はギリシャ語で書かれているが、イエスなど庶民が使用した言語はアラム語で、古代シリア語とかかわりがある。

古川晴風『ギリシャ語四週間』(1979)
野口誠『やさしい聖書のギリシャ語』(1981)
片山徹『新約聖書ギリシャ語入門』(1983)
土岐健治『新約聖書ギリシャ語初歩』(1995)

ヘブライ語

旧約の勉強で古代ユダヤ人の歴史に関する訳書を含めて入手できる限りの本を購入して読んだ。ユダヤ教の言語はヘブライ語であり、西宮公同教会で行われている関西神学塾なる講座でヘブライ語をやっていると知り金曜日の夜、西宮に2年ほど通った。後々これも大変役に立った。

大久保史彦『聖書を原語で読めたなら』（1986）

佐藤淳一『はじめてのヘブライ語』（1993）

キリスト聖書塾『ヘブライ語入門』（1993）

片山徹『旧約聖書ヘブライ語入門』（1994）

『BIBLIA HEBRAICA ヘブライ語聖書（旧約聖書）』（1994）

左近義慈『ヒブル語入門』（1994）

池田潤『ヘブライ文字の第一歩』（1996）

池田潤『ヘブライ語のすすめ』（1999）

ミルトス・ヘブライ文化研究所『ヘブライ語聖書対訳シリーズ』（1999）

飯島紀『アラム語〜イエスの誕生、キリスト教の全貌』（2001）

　両親の墓標に詩編 23 編の「主は我が牧者にして乏しいところがない」
というヘブライ語聖書のその部分を拡大コピーして石屋さんに渡してそ
の通りに掘ってもらった。

アラビア語

　旧約聖書を勉強し出すとユダヤ教に直面することになり、そしてイス
ラム教と交差する。

　イスラム教は宗教的寛容さを持ち、中国からインド、アフリカ、ヨー
ロッパのユーラシアにまたがった交易ネットワークを構築したのはイス
ラム教徒に負うところが多い。

　アラビア語はアラム語と共にヘブライ語と兄弟言語とされ、右から左
へ書くのも同じである。また「こんにちは」に相当するヘブライ語が
「シャローム」であるのに対し、アラビア語では「サラーム」である。

　その言語であるアラビヤ語に触れておきたいと思い朝日カルチャーセ
ンターでアラビア語講座を受講し、イスラム教に関する本を多読した。
とはいえイスラム教について勉強しても史的イエスについて得るものは

少なかった

奴田原睦明・岡真理『アラビア語』（1989）

内記良一『基礎アラビア語』（1990）

川崎寅雄『アラビア語入門』（1990）

森伸生・山形洋一『アラビア文字の第一歩』（1996）

イエスを尋ねる旅

イスラエル旅行

八尾に帰ってしばらくして教会を通して大阪クリスチャンセンターが主宰するイスラエル旅行があるということを知り、1989 年 12 月 25 日から 1990 年 1 月 6 日にかけての旅行に参加した。

そのときの模様を資料にした。［資料 2：イスラエル旅行］

国内の巡礼の記

戦争責任とも関係するのか、権力の弾圧にも耐えた江戸時代・明治時代のキリシタンに興味を抱き、関連する本を読み始め、その中で九州地方の天主堂へは行ってみたいと思うようになった。

1982 年に函館、1984 年に津和野、1988 年に原城・島原・雲仙・長崎・大村、1989 年に福江島と中通島、1992 年に天草・本渡を巡ることができた。

資料 3 に示す。［資料 3：国内の巡礼の記］

浦川和三郎『五島キリシタン史』（1951 刊）複写本

池田潔ほか 2 名『津和野』（1983 刊）裏にホルバーと神父の住所が記載

遠藤周作『切支丹の里』（1983）

大阪府八尾市時代

結城了悟『雲仙の殉教者』（1984 刊）

松永伍一『旅人ペトロー岐部の一生』（1984 刊）

永井隆『乙女峠』（1984）津和野カトリック教会にて購入

沖本常吉『乙女峠とキリシタン』（1984）津和野カトリック教会にて購入

木場田直『キリシタン農民の生活』（1986 刊）

結城了悟『長崎への道』（1987 刊）

井上康宏『バス旅行のための長崎探訪』（1988）

浜名志松『天草の土となりて―ガルニエ神父の生涯』（1988）

荒木誠三『キリシタン殉教史跡の旅』（1988）

パチェコ・ディ・ディエゴ『長崎の天主堂』（1988）

渋江鉄郎『島原一揆』（1988）

カトリック長崎大司教区司牧企画室『長崎の教会―キリシタンの里をたず
　ねて』（1989）

近藤儀左エ門『生月史稿―かくれキリシタンの島』（1990）

溝部郁ほか5名『キリシタン地図を歩く』（1991 刊）

皆川達夫『オラショ紀行』（1991）

小崎登明『西九州キリシタンの旅』（1992 刊）

郡家真一『海鳴りの五島史』（1992 刊）

結城了悟『鹿児島のキリシタン』（1992）

山口康夫『歴史の平戸』（1993 刊）

小崎登明『長崎・オラショの旅』（1993 刊）

片岡弥吉『長崎のキリシタン』（1994）

カトリック中央協議会『教会所在地 '96』（1995 刊）

カトリック広島司教区『広島教区殉教地・巡礼案内』（2003 刊）

森禮子『キリシタン海の道紀行』（2008）

岡田章雄『キリシタン風土記』（2008）

神戸にあるモスクとシナゴーグ

　姫路の職場でイスラム教徒の人がいて、神戸にモスクがあるというのでその人に案内されて見学した。思ったよりも立派なもので1階が男性用で2階が女性用のものだと教えられた。メッカの方向を示すキブラと称されるもの以外は目立つものは何もなかった。

　神戸にユダヤ教に関する「日本・ユダヤ文化研究会」なる勉強会があり、そこに何回か参加した。そしてシナゴーグがあるというので見学した。モスクに比べれば小規模なものであり、1階だけだったがやはり女性用の別室が設けられていた。ある種の香料の匂いがした。モスクに比べると何やら装飾はあるようで、モスクの方がアッケラカンとして何もない。

　神戸にはジャイナ教の寺院もあり見学したことがある。仏教の匂いがするがどこか違うという感じであった。しかし仏教とはいうものの日本の大乗仏教しか知らないのでは比較の対象にはならないだろう。

日本基督教団

日本基督教団教師検定試験

　八尾に帰ってから行った2つめの教団の教会の教師から教師試験を受験することを薦められた。

　神学部を卒業していない場合の受験のタイプはCコースということになり、まず3年にわたっての各年度の試験にすべて合格し補教師の資格を取得しなければならない。1年目は「一般宗教史・日本宗教史」、「新約聖書緒論」、「旧約聖書緒論」、「説教（提出）」、2年目は「ギリシャ初歩」、「旧約歴史（イスラエル史）」、「教会史・教理史」、「宗教教育」、3年目は「旧約聖書釈義（提出）」、「新約聖書釈義（提出）」、「牧会学（提出）」、「説教（提出）」、「新約聖書神学」、「旧約聖書神学」、「組織神

大阪府八尾市時代

学」、「教憲教規および諸規則・宗教法人法」。

　1997 年に日本基督教団の補教師試験に合格し、1997 年 12 月に補教師として登録された（第 9788 号）。1998 年に八尾東教会の伝道師となった。

　正教師試験は補教師として 2 年の経験を経た後に受験でき、科目は「旧約釈義説教」、「新約釈義説教」、「教会史」、「組織神学」、「神学論文」で、2000 年に正教師試験に合格し、2000 年 12 月 10 日に正教師として登録された（第 0048 号）。このときに提出した神学論文と組織神学論文の一部を前著に資料として付けている。

出来島伝道所

　資格を取得してから八尾の教会を出て高槻にある伝道所に出席した。教師というのは信徒という籍からは自動的に抜けるようで転籍の手続きというものはなかった。1 年経ってから出来島伝道所から担当教師として来てくれないかという依頼があったので受けることにした。

　2002 年 4 月から 2006 年 3 月までのちょうど 4 年間だけのおつき合いとなった出来島伝道所での日曜集会はある集合住宅の一室で行われた。福井の竹内宅のようでもなく、まったく畳の居室そのものだった。旧約聖書の最初から始めて行くところまで行けばいいと思ったが、「創世記」から、部分的に飛ばしたところもあるが「ヨナ書」まで行き、最後は新約聖書の要点つまり史的イエスについて何回かやって終わった。その準備のために改めて旧約を読み、解説書、注解書、インターネットで参考になる資料などに目を通すことをやって充実した 4 年間であった。日曜日には使信を A4 用紙 1 枚にまとめたものをプリントして配布した。4 年間の使信のリストを前著にも資料として付けているが、短いので本書でも資料として付けた。[資料 4：出来島伝道所での使信リスト]

　この 4 年間の 171 編の「使信」を簡易製本していたが、10 年振りに

改めて取り出し繰ってみて、自分ながら豊かな内容になっているのに驚いた。4年間だけだったが多くの資料を参考にし、それまでの自分の聖書理解を凝縮したものであるから当然かもしれない。

後にキリスト教を見通せたと感じたが、その背景にはこうしたことがあったからこそだと思う。わたしのキリスト教理解のバックボーンがここにあることを再認識した。もう過去のものだと思っていた「使信」集はわたしの宝物のように思えた。

やがて自己評価などというこれまでにない作業がでてきて大学関係の仕事も忙しくなり、また気になることも出てきたので出来島伝道所の担当教師を辞めることにした。天皇制委員会とはもうしばらく関わることにした。

戦争責任

小学生の頃に父から「お前も大きくなったら赤紙が来て戦争に行くことになる」と言われてから、そのことがずっと頭の片隅にあり、赤紙が来たらどうするのかと誰にも相談せずに自問自答していた。そして学生時代になってふいにおれは殺されても行かない、という答えを出した。いわば徴兵拒否の疑似体験をしたようなものであった。

しかしもちろん戦後は戦争放棄の新憲法の下で徴兵制度はとっくになくなっていたのだ。滑稽な話であり、ホッとすると共に、しばし呆然としたのを覚えている。しかしこの疑似体験は知らず知らずのうちに自身の生き方に影響を及ぼしていったようである。

この小学生のころから学生時代までの体験とは別に戦争責任を考えるようになるきっかけは福井自由キリスト教書店で買ったキリスト教の戦争責任の本があり、それに当時はまだ戦後20年ほどで大阪にはまだま

だ戦争の傷跡は残っていた。小学校か中学校時代の大阪環状線（城東線）の内側には大きな建物はなく大阪城がどこからでも見えたし、焼け跡やがれきがそこかしこにあった。

また学生時代に環状線の電車に乗っていたらひとりの白い服を着た傷痍軍人が隣りの車両から移ってきて戦争の話をした。そしてわたしに目を留めてこれからの社会を担う学生さんにもよく知っておいてもらいたいといった内容の話をして次の車両に移っていったのを覚えている。

教科書には載っていなかったし教師からそのような話を教えてもらわなかったが、いろいろ本を読んでいくと、朝鮮半島や中国大陸でやった日本軍の性的暴力を含めた残虐行為を知り、どうしてあのようなとりかえしのつかない馬鹿なことをしたのかと思うようになった。

難しいことではあろうが個人のレベルで「人を殺すことはしない」と宣言すればよかったしこの声が大きければできないことだったはずだと思った。このことは今も同じことである。

実際に少数ではあるがノーと言った人はいた。しかし問題はお前ならどうしたかという自覚的な課題になる。慰安所へ行かなかった人、マレー半島のジャングルで残り少ない水を友人に渡した人の存在は救いにはなった。兵役を拒否し続けた灯台社の人たちや熊本の北御門二郎などの例もある。

だから結局あのような戦争を起こさないためには己の意志を持って安易に妥協せずに生きていくことであると思い至った。よくお前は頑固だと言われることがあるし、豊田市時代のある先輩から「一徹」というあだ名を頂戴したことがある。

わたしは誰からも指図されたくない、だから誰をも指図したくない。群れるのは嫌いである。みんなと一緒というのは嫌いである。農耕系というより遊牧系のようだ。多神教よりも一神教の傾向が強い。

大切なことは自分が自分であること、それは決して利己主義ではなくにんげんにとって最も大切なことであると思う。己の喜怒哀楽を正直に受け止めそれに従って生きていく。右の権威にも左の権威にも与せず、自分自身も権威にのっからない。

　わたしにとっての徴兵拒否の問題はとりあえずは収まったが、そのうち直接は自身の問題ではないものの、小中高の教員の「日の丸・君が代斉唱」の問題が出てきて、これはある意味では徴兵拒否と同じような性質ものであると直感した。そのためこの問題についてはずっと注意深く見守ってきている。

　　安藤肇『あるキリスト者の戦争体験』（1966）

　　米田豊ほか『昭和の宗教弾圧戦時ホーリネス受難記』（1966）

　　日本友和会『良心的兵役拒否』（1967 刊）

　　イシガ・オサム『神の平和—兵役拒否をこえて』（1971）

　　吉田満『平和への巡礼』（1982）

　　稲垣真美『兵役を拒否した日本人—灯台社の戦時下抵抗』（1989）

　　戸村政博『日本はどこへ行くのか—天皇と神道と戦争責任』（1989）

　　佐治孝典『土着と挫折—近代日本キリスト教史の一断面』（1991 刊）

　　李仁夏他 3 名『歴史に生きるキリスト者』（1994 刊）

　　結城昌治『軍旗はためく下に』（1996）

　　鈴木範久『最初良心的兵役拒否』（1999）

　　安藤肇『深き淵より』（2001）

　　北御門二郎『ある徴兵拒否社の歩み』（2001）

　　盛岡巌ほか 1 名『キリスト教の戦争責任』（2001）

　　飯坂良明『権力への抵抗』（2001）

　　伊谷隆一『非戦の思想—土着キリスト者・柏木義円』（2002）

大阪府八尾市時代

佐治孝典『歴史を生きる教会─天皇制と日本聖公会』（2003）

新藤謙『国家に抗した人びと』（2004）

米田綱路『抵抗者たち』（2004 刊）

阿部知二『良心的兵役拒否の思想』（2010）

稲垣真美『良心的兵役拒否の潮流』（2010）

教団大阪教区「天皇制委員会」（教会と天皇制を考える特別委員会）

　日本基督教団大阪教区に「教会と天皇制を考える特別委員会」なるものがあり、1993 年からこの委員になり、2002 年から 2013 年まで委員長を勤めたが、大学の定年と同時に内容的にも潮時と感じ 2013 年で委員も辞めた。

　この委員会の趣旨は大阪教区で教会と天皇制について継続して考えるというものであり、年に一度 2 月 11 日の建国記念とされる日に教区主催の集会を計画運営することが主たる仕事であった。

　その活動のひとつとして長野県にある「松代大本営跡」を 2 度訪問した。アジア太平洋戦争の戦況が思わしくなくなってきたので米軍の上陸に備えて天皇家や三種の神器を安全な場所に移そうということから建設され、多数の朝鮮人を動員して固い岩盤を掘り進み造られたそうだ。今も広大な壕が「松代大本営跡」として保存されている。天皇在所という狭い部屋もあった。

　司馬遼太郎がテレビの番組で話していたのを思い出した。千葉の戦車部隊の指揮をしていた司馬らに東京が攻撃されそうなときは天皇と三種の神器をこの松代へ運ぶために、道路に避難民が溢れていてもそれらを戦車で踏みつぶして道をあけろと命令されていたそうで、その時にこの国はなんとくだらない国になってしまったのかと思ったそうである。

　1997 年度の集会の講師となった幸日出男さんとその後も少しつき合

75

いがあり、集会後しばらくして天皇制委員会主催で幸さんに案内されて何人かの参加者と一緒に歴代の天皇の墓所である京都の泉涌寺へ行き、天皇の位牌を見学した。天皇家の宗教は神道だと思いがちだが実は仏教である。本堂に歴代の天皇の大きな位牌が立てられているのは壮観だった。

　京都のNCC宗教研究所へも何度か行ったことがあるし、2002年のことと思うが、京都の同志社アーモスト館というところで開かれた新島会の123回例会「近代日本の天皇制その2」に幸日出男さんの講演「国家神道とキリスト教」のコメンテーターとして参加した。

　そのときの資料を［資料5：幸日出男「国家神道とキリスト教」に対するコメント］として付ける。

西山俊彦

　2004年の集会に『カトリック教会の戦争責任』の著者である西山神父を招くことになり、前もって集会の趣旨を説明することになった。

　当時、神父は河内長野市三日市のカトリック「三日市教会」横の司祭用の宿舎におられた。初夏のある日、神父と南海高野線の「三日市町」駅で待ち合わせした。ひなびた感じがする駅であった。駅から神父と一緒に宿舎に向かった。

　宿舎の2階の神父の部屋でいろいろ話をした。蒸し暑い日であった。カトリックの神父と長い時間話すのは初めての経験だった。神父職は独身で身の回りのことも自分でしなくてはならず、何日分ものおかずを作っていると聞いて驚いた。

　また神父の経歴に驚いた。ローマへ留学して、神学、帰国してから教育学、さらに社会学の学位をもつ学者でもある。こんな神父もありなんだなとあらためてカトリックの懐の深さを知った。それは神父がしていること（『カトリック教会の戦争責任』、『カトリック教会と奴隷貿易』）

からも十分にうかがえる。

　集会の後も神父とのつき合いが続いた。ある年の大阪での「9条の会」に関連する集会で偶然神父とお会いしたが、そのとき神父はわたしに顔を近づけてニヤリとしながら「永遠の命ってほんとうにあるんでしょうか」といった問いかけをされたが、わたしは突然の問いかけに驚きその内容と意図とを確かめるいとまもなく、「えっ」と返事をしただけだった。

　しばらくして神父の父が靖国神社に祀られていることが判明し、神父は一人で靖国神社に合祀の取り消しを求めるが叶わかったため、訴訟を起こし、「靖国神社合祀取り消しを実現し平和憲法を護る会」という冊子を定期的に発行されている。

　この靖国裁判で忙しいなかだと思うのに、『私的所有権の不条理性と構造的暴力』の大著が送られてきた。わたしにとってはあまりとっつきのいい内容ではなかったが、神父から感想文を書いてどこかへ出してほしいと言われ、夏休みに頑張って通読し、にんげんの私有財産制度を問うものであると思った。これを姫路獨協大学図書館の定期刊行物に掲載してもらったことがある。

　2016年になって再び、大著『キリスト教はどんな救いを約束しているのか』が送られてきた。神父からは何も言われなかったが、なにがしか応答するのが礼儀だと思い、この本を通読した感想を一文にしたためて神父に送った。この神父への私信を［資料6］に付ける。［資料6：西山神父への私信］

　神父のバイタリティには驚くばかりで、機関誌が送られてきたときにカンパを送るだけであり、お前驚いているだけか、と怒られているような気もしている。

　委員長として講師とは1年ほど前から集会の趣旨の説明、講演内容の

擦り合わせ、当日の打ち合わせ、講演後の講演録のテープ起こしした原稿のチェックなどを通して深く付き合うことができた。とりわけ最後に上村静と出会えたのはまことに幸運であった。おかげでキリスト教理解が決定的となった。係わった集会を前著でも資料として付しているが、短いので本書でも資料として付ける。［資料7：教会と天皇制2.11集会］

神学者たち

渡辺信夫

　日本のそして日本のキリスト教会の戦争責任に関してはこの人を措いてないというのが渡辺信夫であると思っている。1923年生まれで私より20歳上である。若い頃に海軍士官として南方に赴いたことがあり、戦後は教師となって東京で宣教に従事した。

　著書を読めば、戦前の神社参拝はキリスト教の本旨に悖ることであったという反省に貫かれていることが分かる。渡辺は日本基督教団ではなく日本基督教会のようだ。一般にはカルバンの『教会史綱要』の訳者として有名であり、学生時代からこの本のことは知っていたが、カルバンは好きにはなれない。

　2001年3月16日に渡辺の東京告白教会を訪ねた。京王線の「芦花公園」駅を下りて北の方へ歩いた。まだまだ畑が広がるところであったが、分かりやすい道ではなかった。

　教会は古い建物で、玄関左の狭い部屋で話をしたが、まだまだ甘いとどやされた。戦争責任に関してはともかく、信仰の有り様となると少し違うと感じた。

　渡辺信夫『戦争責任と戦後責任』（2001）
　渡辺信夫『戦争の罪責を担って』（2001）

渡辺信夫『今、教会を考える』（2001）

渡辺信夫・趙寿玉『神社参拝を拒否したキリスト者』（2001）

渡辺信夫『神と魂と世界と―宗教改革小史』（2002）

渡辺信夫『教会論入門』（2005）

渡辺信夫『イリアン・ジャヤへの道』（2003）

渡辺信夫他4名『教会の戦争責任・戦後責任』（2008）

他に「福音と世界」誌に12回にわたって「教会論再考」というシリーズ
を記している。（1991）

篠崎榮

　史的イエスの関係で『キリスト教以前のイエス』という本を見つけ、
読むと訳者は偶熊本大学の教授をされていたので、水俣病研究の関係で
熊本に行ったついでに氏と会う約束をした。JR熊本駅の近くのホテル
に宿泊の予約をしていたので、そこから歩いて少しの確か土手沿いの店
に入って食事をしながら話した。

　ノーラン（篠崎榮訳）『キリスト教以前のイエス』（2001）

田川健三

『イエスという男』だったと思うが、その中で「左の頬をぶたれたなら
ば右の頬を出せというのは単に敵に対して手向かいしない柔和な精神を
表していると説かれることがあるがとんでもない。手の甲に鉄の鋲を入
れたローマ兵が両手を組んで殴るときに、殴られるユダヤ人が開き直っ
て左を殴るのなら右も殴ったらどうだ、といって顔を差し出すのである
から、柔和とはほど遠い状況である」という趣旨の記述をしているとこ
ろなどはおもしろいとは思った。このようにこれまでの聖書解釈とは
違った彼独自の考え方を示すが、わたしには八木や上村のような影響を

与えるものではなかった。そういうこともあってか、田川の本は『マルコ福音書 上巻』を除いてすべて処分してしまった。

田川健三『原始キリスト教の一断面―福音書文学の成立』（1968刊）

田川健三『批判的主体の形成―キリスト教批判の現代的課題』（1971刊）

田川健三『立ちつくす思想』（1972刊）

田川健三『歴史的類比の思想』（1976刊）

田川健三『イエスという男―逆説的反抗者の生と死』（1980刊）

田川健三『宗教とは何か』（1984刊）

田川健三『マルコ福音書 上巻』（1997）

小田垣雅也

2010年にどういういきさつであったか忘れたが小田垣の本を読んだ。彼は元国立音楽大学教授であり、同時に教団の補教師の資格もあって、三鷹の自宅で日曜集会を開いているというので2010年9月12日に出席したことがある。出席者は数名で用意したメモを読みながらの説教であった。説教をインターネットで公開している。

小田垣雅也『四季のパンセ』（2010）

小田垣雅也『知られざる神に』（2010）

小田垣雅也『ロマンティシズムと現代神学』（2010）

小田垣雅也『友あり―二重性の神学をめぐって』（2010）

小田垣雅也『キリスト教の歴史』（2010）

百瀬文晃

百瀬文晃神父の著作も参考になった。

百瀬文晃『イエス・キリスト教を学ぶ』（2001）

百瀬文晃『キリスト教の原点』（20014）

百瀬文晃『キリスト教の本質と展開』（2004）

日本キリスト教学会

　何年かの間、日本キリスト教学会に所属し、年に一度の学会の大会へ参加したことがある。西南学院大学、東京女子大学、南山大学であった。西南では韓国の池明観さんが講演されていた。この学会で議論されているようなことは一般の教会ではまったくない。教会でこうした議論を始めたら収拾がつかなくなってしまうだろう。

キリスト教理解の決定版

上村静

　上村の本を読み始めてこれまでわたしが考えてきた通りのことを記しているような気がした。八木は哲学的で仏教的な色彩も強く難解であるが、上村はわたしにとっては分かりやすいし、このキリスト教理解を教会もすべきだという気がしたので、2013年の大阪教区「教会と天皇制を考える集会」の講師として話してもらった。その準備のためにその前年の2012年の夏に東京駅の地下の軽食店で打ち合わせをした。

　集会当日の上村の話を聞いてやはりこれは本物だと思った。学生時代から探求し続けてきたキリスト教はやはりこれだという思いがした。

　また集会後講演録の作成のためにテープ起しを業者に依頼し、そのチェックを上村とし合うなかで、上村の考え方をさらに知ることとなり幸運だったとしか言いようがない。参加者はどれだけ上村を理解したのかどうかは疑問であるが、顔見知りの若い教師が帰りがけに「個人的には非常に参考になった」と言ったのが耳に残っている。

上村静『イエス―人と神と』（2008）

上村静『キリスト教信仰の成立』（2008）

上村静『宗教の倒錯』（2011）

上村静『旧約聖書の新約聖書』（2012）

上村静『キリスト教の自己批判』（2014）

　上村静の著書からわたしが合点がいき、間違いなくそうだと思った箇所を以下にいくつか抽出しておく。括弧内はわたしの書き込みである。

「『宗教の倒錯 ユダヤ教・イエス・キリスト教』

「神の支配とは何か」

　終末思想とは現実における苦難の裏返しであり、それは同時にこの世を秩序づけている神への不信の裏返しである。

　神の支配とは、（やがていつか来るというものではなく）すでに現実のなかに、日常生活のなかに立ち現れている。（これは一遍の考えかたと同じである）

　子どもが神の支配を受け入れているとされるのは、与えられた生に対する無邪気な明るさ、この世の生に対する信頼にある。この世の生を与える神への信頼なくして、どうして終末時の神の支配に入れようか。

　聖書における神は、被造世界を秩序づけた創造神であり（大自然そのもの）、太古の昔から農夫の日常生活のなかに、人間を生かす働き（作用）としてあり続けているのである。「神の支配」という標語で終末を待望し、その救済論に基づいて自他を序列化する人々に対し、イエスは（今ここで）この世を秩序づけている神への信頼を取り戻すことを訴える。

「被造物を生かす働きとしての神の支配」

「何を食べ、何を着ようかと思い煩うな。なぜならカラスは蒔かず、刈らず、倉に納めることもしないのに、神はそれらを養っている。野の花も働かず、紡ぐこともないが、栄華の極みのソロモンでさえ、それらの一つほどにも装ってはいなかった。ましてや、あなたたちをまとわせて下さるのはなおさらであろう。」（歴史のイエスの言葉であり、また後で記す「What a Wonderful World」にも通じる）

　神は（世俗の）人間の価値判断とは無関係（逆方向）にその主権を行使している。イエスは律法や神殿建築に基づく人間の功績主義を批判しつつ、何もしないままに生かされて在るいのちをアピールする。それは人間の思い煩いにもかかわらず、すでに生かされてしまっている人間存在という現実を指し示す。（これは善悪や意味を超えるもので、禅者の立場に近い）

　イエスの語る神の支配は当然それを享受すると自負していた社会的強者への批判として語られる。そして彼らを偽善者と罵倒する。（この世の常識や評価とは逆転する）

　現実の差別と苦難のなかにある人々に、生かされてあるいのちをアピールする。現実を諦観し、終末を待ち望むのではなく、今、生かされてあるという事実に信頼して与えられたいのちを生き抜くことを訴える。（パウロは逆）

「イエスの宗教心」

　イエスは業績（パリサイ派らの律法遵守の度合い）や生まれが人間存在の評価基準にはならならず、いかなる者も神によって等しく生かされて在ることを訴える。

　よい者はいない。しかし神はその人間を生かす。それをイエスは自然から学んだ。それは人間の側の業績とは無関係にいのちを生かしている神、この世における神の支配の発見であった（八木：覚、自覚）。いか

なるものも生かされて在るいのちなのだ。ここにイエスの一元論的人間観が由来する。

それはこの世（あの世ではなく）でいのちを生かしている神という神観と表裏一体をなす。だからイエスには終末観は希薄である。（一元論：罪人などいない。親鸞に通じる。）

他者との比較による自己肯定への欲求は、実は自己自身がそれ自体で持つ絶対的価値、自己肯定の絶対根拠（滝澤：インマヌエル）の欠如をそれによって繕おうとする試みである。

イエスはいのちを生かしている神の働きを発見し、そこに存在肯定の絶対根拠を得たのである。それは「関係の中で生かされて在るいのち」という洞察に至った。（仏教の縁起の考え方であり、前野隆司の「私」などないという立場にも近い）

イエスの神理解は、人間による人間支配を認めない。これこそが神の支配である。

その人たちのいのちがそのままで、悔い改めや特別な仕方での律法遵守などの条件なしに（洗礼もない）肯定されているということであった。ところがパウロ（キリスト教）は元（悪しきパリサイ主義）に戻してしまった。」

（引用終わり）

わたしは大阪教区の「教会と天皇制を考える特別委員会」の委員をこの上村の講演があった年度を最後に辞することにした。わたしがやるべきことはすべてやったという気がしたからである。

ドン・キューピット

わたしのキリスト教理解に上村静に続いてだめを押してくれたのがイギリス国教会の聖職者でもあるドン・キューピットの著書（藤田一

照訳）『未来の宗教―空と光明（原著名：Emptiness & Brightness)』（2008）である。この原著名からしてキリスト教というよりこれはもうゴータマの哲学であり、日本的にいえば禅そのものを表すものである。訳者も禅者である。キリスト教の教師がこのような書物を書くということは、八木が主張していることにつながるが、こうした視点（仏教とキリスト教は共通点をもつ）は日本のプロテスタントにはない。仏教においても少ないようだ。

　この本で、この世に神秘的なもの秘密のものなどなにひとつ存在しないと明確に記している。これは国教会の教義に反するものと思われるが、己の理解を曲げずに主張するのはえらいところである。またできるところ、許容されるところもすばらしい。

　また彼はそれまでのキリスト教に関する借り物の考えをすべて捨てて、西方教会のキリスト教神学を解体しようとしたというのだからすごい。何ごとにも神を持ち出すのをやめて、太陽の下なる大自然にあるがまま生きて死ぬ生き物と同じ人間を直視していて、そこには従来の教義に凝り固まった宗教など不要だし邪魔だと言っているように思われる。こうしたことは日本のキリスト教会ではなかなか言えるものではない。イギリスのキリスト教の懐の深さを表している。しかしこれが中世であれば異端審問の対象となり焚刑は必至である。

　ドン・キューピットの『未来の宗教』からわたしが合点した箇所を引用する。
　アンダーラインならびに括弧内はわたしのものである。

「「日本語版への序文」
　私の人生は、自分が本当に満足できると感じられるような哲学的・宗教的見地を求める探求の旅でした。それはまた、わたしにとっての出発

点（英国国教会）からだんだんと離れ遠ざかっていく旅でもありました。

絶対的・基盤的・永久的である何かを求めることをすっかり放棄し、いかなる特定の聖人たち・言語・場所にもはや特権を与えることがないグローバルな見地に立ち、いまこのありのままの生に然りと言うことができるような見地が必要です。

「序論　さあ、宗教的思惟を独学しなさい！」

わたしは、正統的なローマカトリック教会のキリスト教神学、つまり西方教会のキリスト教神学を解体しようと努めてきた。借り物の考えをすべて忘れて、自分自身の内部にあることだけを述べるように努めなさい。

第1章　ふたたびはじめる

純粋な宗教的思惟

「神秘」が終わりを告げ、現象世界のどこか彼方にリアルな世界が在るという信念は終わった。

第7章　新しい世界観

ヒュームとカントの偉大なところは神を引き合いに出すことなしに、人間の経験的知識についての理論を打ち立てようとしたことだ。

「太陽的生き方」

われわれのもつ有限性は無常の手に委ねることになる。すべて一度限りしか起こらず、必ず終わりがくる。2000年の間、プラトン主義は偶発的で、死をまぬかれないすべてのものの価値をおとしめ、死後にある永遠の世界における「ゆるぎない喜びと永続的な満足」を求めるように教えてきた。それから神が死に、永遠の世界は死滅した。

大阪府八尾市時代

　空の鳥たちは単純な直接性のなかで生きている（マタイ福音書）。かれらにはあれこれ心配することが何もない。かれらは端的にかれら自身であり。自分自身の生活にぴったり一致している。中間の宗教組織なしの直接性のなかに生きる。

「第18章　さまざまな警告」
　神秘などどこにもなく、どこにも隠された真理などない。わたしの示唆する宗教を誰もが知っている教団化された宗教と比較すると、伝統的なヨーロッパの古典音楽に対比したジャズに似ている。ジャズはポスト歴史的で即興的で簡単に共同で演奏できるぶっつけ本番の芸術だ。(What a wonderful world の世界で、ここにはキリスト教的な神は出てこない。そこはイエスの「野の花、空の鳥」の世界であり、同時に禅の世界。欲に曇った目には見えない世界である。)自分を救済してくれるできあいの真理などない。そういう真理へのアクセスを与えてくれる特別な認可を受けた人間などいない。クエーカー教徒のパンフレットに「There is Another World. But it is This One.」とある。」
　（引用終わり）

　キューピットの2冊目の訳本である（山口菜生子訳）『最後の哲学』(2008)の最後の「付論「今・ここ」の神学」には以下のように記されている。

「イエスは長い待望の時代は終わったと説いた。神的なものが人間の領域に戻ってきつつあり、組織化された宗教は終わりを迎えようとしている、と。神的なものは、もはや大がかりの修行制度をとおして客観化されたりするのではなく、かえって人間の主観性のなかへと分散していく。
　ヴァイスとシュバイツァーは、その協力によって、多くの、ほとんど

すべての神学者たちに、本来のイエスは「教会」で説く「神的キリスト」などでは少しもなかったのだと説いた。

「神の国」というのは、「彼方」をもたない世界のことだが、人びとは、この世のあとに来るもう一つのもっとよい世界を当てにする必要など覚えていないし、進歩ということももう信じていない。むしろ今は、人びとが現在に生き、現在のために生きている時代である。彼らは自分をとりまく世界に満足し、自分をとりまく世界と和解している。彼らにとって〈この〉世こそ実在する現実の世界なのだ。

今では私たちは誰も、心のなかでは分かっているのだ。日常言語日常生活の世界以上に重大な世界や原初的な世界などは、どこにもないということを。この世とは別の世界も、より高い視点も、さらに特権的な視点も存在せず、来るべきいっそうよいものもまた存在しないのだということを。私たちがいるところこそが、世界の中心なのであり、創造の場であるのだ。日常性こそが究極のもので、日常性には外部というものがないのだ。そう、まさにそれなのだ。だから「彼方」というものも存在しないのだ。

自分の人生にはどこか外から意味を与えてもらう必要があるのだとする考えなど、もうお払い箱にしたらよい。」（ニーチェの「神は死んだ」を彷彿とさせる）」

（引用終わり）

さらに最後の「覚え書き」には、「聖職者神学から神の国神学への移行を企てた最初の大思想家はカントであった。・・・「神の国」の実現というのは、神が完全な内在へと移行することによって私たち自身の復活をもたらすことだと見ている。どうやら彼も、「復活」とはつまり、私たちが今ここで、やっとすっかり自分らしくなることなのだと、言っているらしい。素晴らしいことだ。」と記している。

イエーガー（八城圀衛訳）の『禅キリスト教の道』（2008）も異色である。

イエーガーはカトリックの司祭であり同時に禅の師家でもある。内容は予想されたもので、禅の本や前野隆司の本を読んでいたらさらに分かりやすいだろう。ただここでも無になるという表現があるが、それはどういうことでありどうすればそれが可能になるかについてはあまり詳しくは記されていない。

フレデリック・ルノワール（谷口きみ子訳）『イエスはいかにして神となったか』（2014）は史的イエスに関する本として購入した最後であるが、おおよその内容は予想できた。終章でうまくまとめている。

イエスの世界には罪などない、したがって悔い改める必要もない、ましてや貧しい生活を強いられている民衆が一体何を悔い改めなければならないのか。悔い改めなければならないのは民衆を虐げている政治権力や宗教権力のほうではないのか。パウロなどの考え方はイエスが指し示したベクトルとはまったく逆だと思う。

わたしの存在はイエスの言う「野の花、空の鳥」となんら変わることはない。大自然の中の彼らは生きる意味など考えて生きている訳ではない。人間から見れば、ただこの世に故なく生まれてきて故なく死んでいくだけのように見えるが、花や鳥には彼ら自身に与えられたいのちの理に従って地上のいのちの役目を果たしていだけであろう。

キリスト教について、ようやく通り抜けることができたと思ったときに、それまで心のどこかに残っていた焦燥感が失せたように感じ、なぜ

か心が穏やかになり、同時にそれはイエスはキリスト教とは関係ないし、またゴータマも仏教とは関係ない、という認識と同値でもあった。

仏教

　仏教については学生時代からまったく考察の対象ではなかったが、キリスト教についての読書の中で学生時代にも読んだことがある八木誠一が禅宗の僧侶と対談したのが本となっていたのを2005年の62歳のときに知り、それらを読み始めた。このときはまさかキリスト教に次いで仏教に深入りすることになるとは思いもしなかった。そしてキリスト教と仏教は一見異なるように見えるが、宗教としてのありようとしては両宗教はアナロジーであることが分かった。

　仏教は日本では様々な宗派が混在していて、学生時代に親鸞の弟子唯円によるとされる『歎異抄』、倉田百三の『出家とその弟子』などを読み、また福井の永平寺の道元の曹洞宗、法然の浄土宗、日蓮の日蓮宗、空海の真言宗あたりが有名であるが、それらが同じ仏教ながらどういう関係にあるのか皆目見当がつかなかった。またそのどこにゴータマが言ったことが記されているかを受け取ろうとしてもそれは困難であったが、3年の年月を費やして、ようやくその原因が分かってきた。そしてゴータマが観たものはどういうものであるのかが見えてきた。その理解の過程を記していきたいと思う。
　なお教祖はシャカ（釈迦）と称されることが多いが、後に記す原始仏教や宮元に従って本名のゴータマと記すことにする。

90

八木誠一

八木誠一はもともとキリスト教の範疇に入れるべきであるが、わたしにとっては仏教への橋渡しをしてくれた存在とした方が座りがいいので、仏教の項で記すことにする。

八木誠一と禅者（秋月龍珉）との対話が書物になっていて、それを読んだのがきっかけで仏教を勉強することになった。八木の『イエス』（1968）は大学卒業直後に買って読んでいるが、わたしにはキリスト教について罪や救済を全面に出さない普通の言葉で書かれている最初の書物であった。

その八木がどうして仏教の人と対話するのか不思議に思った。秋月との対話は『歴史のイエスを語る』、『ダンマが露わになるとき』、『「般若心経」を解く』にまとめられている。

八木誠一と禅者との対話の本を読んだ2005年から宮元啓一の一連の本を読み始めた2007年までの3年ほどの間は暗い仏教というジャングルを彷徨い歩いたようなものであったが、宮元の本と出会い、ぽっと光の射す明るい広場に出た思いがし、見通せたと思った。宮元を通して一遍、賀古の教信沙弥のことも知った。また脳科学の視点から自己はないと記している前野隆司の著書との出会いもあった。

これまで八木誠一の本を最も多く読んだことになるが、それはとりもなおさず大きな影響を受けたということになる。

八木は科学的（論理的）な思考をし、神とは何か、神をどうとらえるか、神とにんげんの出会い、といった曰く言い難いことがらをあえて言語で表現し、誰もが理解できるように努力したのではないかと思われる。そういう営為はこれまでの日本の聖書学者はしてこなかったように思う。

そのことがひいては八木を仏教へも向かわせたのであろうし、わたし

も八木に導かれて仏教の森に入っていき、年月を経た後にキリスト教と仏教のあるものを見通せたものと思っている。

　八木と秋月との対話がわたしが仏教へ分け入るきかっけとなったので、禅宗の本から読み始めた。しかし白隠や道元といった禅宗にまつわる禅僧の挙動は世離れしておもしろいとは思うものの結局はわたしには遠いものに思えた。

　禅の師家の資格を持っている高校の同級生がいて、その彼に参禅する人にどう指導しているのかと聞くと「座布で死んでこい」と言うのだという答えが返ってきた。なるほど本質をついていると思って感心した。

八木誠一『新約思想の成立』（1963 年刊）

八木誠一『イエスと現代』（1977）

八木誠一（訳）『キリスト教の絶対性を超えて』（原著者：ヒック、ニッター）（1998）

八木誠一『キリストとイエス』（2005）

八木誠一『愛とエゴイズム』（2005）（ここに小田垣雅也が登場する）

八木誠一『イエスとニヒリズム』（2005）

八木誠一『自我の虚構と宗教』（2005）

八木誠一『自我の行方』（岸田秀と共著）（2005）

八木誠一『新約思想の探求』（2005）

八木誠一『歴史のイエスを語る』（秋月龍珉と共著）（2005）

八木誠一『キリスト教の誕生』（秋月龍珉と共著）（2005）

八木誠一『禅とイエス・キリスト』（秋月龍珉と共著）（2005）

八木誠一『キリスト教は信じうるか』（2005）

八木誠一『仏教とキリスト教』（2005）（共著）

八木誠一『パウロ・親鸞＊イエス・禅』（2005）

仏教

八木誠一『「般若心経」を解く―禅とキリスト教の対話』（秋月龍珉と共著）（2005）

八木誠一『ダンマが露わになるとき―仏教とキリスト教の宗教哲学的対話』（秋月龍珉と共著）（2005）

八木誠一『直接経験』（西谷啓治と共著）（2005）

八木誠一『覚の宗教』（久松信一と対話）（2005）

八木誠一『宗教と言語 宗教の言語』（2005）

八木誠一『神はどこで見出されるか』（滝沢克己と共著）（2005）

八木誠一『無心と神の国』（2006）

八木誠一『宗教とは何か』（2006）

八木誠一『フロント構造の哲学―仏教とキリスト教の相互理解のために』（2006）

八木誠一『聖書のキリストと実存』（2006）

八木誠一『キリスト教の根拠と本質』（2006）（対談）

八木誠一『場所論としての宗教哲学』（2007）

　本書によって八木の言う「作用的一」がどういう意味か分かった。

八木誠一『現代にとって宗教とは』（2008）（対談）

八木誠一『イエスの宗教』（2009）

八木誠一『イエスの言葉／禅の言葉』（上田閑照との共著）（2010）

八木誠一『〈はたらく神〉の神学』（2013）

滝沢克己

　八木は長年にわたり滝沢克己と宗教の根本のところ、悟りとは、神の場というテーマについて論争を続け、滝沢の死によって終えている。滝沢の本はそれ以前にも読んでいたが八木との対話を記した本によってさらに深まった。

　八木と滝沢の議論は神と人との「第一義の接触」と「第二義の接触」

と称されるものについてのようである。

　インマヌエル（神われらとともに在す）の原事実をどうとらえるかについてであり、人の思いとは関係なしに「神われらとともに在す」というものが存在するとする第一義の接触を滝沢は主張する。これはバルトともかかわっていた。さらには西田の「純粋経験」ともかかわるようだ。イエスが開いたとされる神の救いのメッセージをメッセージとして受け止めることができるのはそれを神の救いであると認識している素地があらかじめあってのことであって、それがなければそれが神の言葉であり救いであるということは分からなかったはずだというのが滝沢の所論であったように思われる。しかしバルトは聖書原理がすべての初めであるとしたらしい。

　滝沢は 1941 年に「天皇の神聖を信じる点に於いて古来全国民が一致して来たという類いなき事実」と記し、さらに 1969 年に「人間の事実在る座はすなわち神そのものの座である」と記しているという指摘を松岡はしている。（松岡由香子「滝沢克己のインマヌエル論」批判、1990年「宗教研究」発表）

　そうだとするなら、八木がなかなか納得することができなかった核のようなものはこの辺りに潜んでいたのではないだろうか。滝沢といい西田といい戦中の哲学系の人にはこうした側面が潜んでいる。

　滝沢克己『芥川竜之介の思想』（1969）

　滝沢克己『人間の「原点」とは何か』（1970）

　滝沢克己『聖書のイエスと現代の思惟』（1970）

　滝沢克己『夏目漱石の思想―『こころ』と『それから』』（1970 刊）

　滝沢克己『漱石の世界』（1971）

　滝沢克己『聖書のイエスと現代の人間』（2002）

　滝沢克己『あなたはどこにいるのか―実人生の基盤と宗教』（2002）

滝沢克己『キリスト教と日本の現状況』（2005）

滝沢克己『自由の原点・インマヌエル』（2006）

滝沢克己『滝沢克己講演集』（2006）

滝沢克己『佛教とキリスト教』（2006）

滝沢克己『宗教を問う』（2010）

滝沢克己『カール・バルト研究』（1972刊）

高崎直道

高崎直道も読んだ。仏教について分かりやすく記している。

高崎直道『仏教入門』（2006）

高崎直道『仏性とは何か』（2006）

高崎直道『唯識入門』（2006）

大乗非仏説

大乗仏教は本来のゴータマの直接の仏教ではないのである。このことはすでに江戸時代に富永仲基や村上専精によって大乗非仏説として指摘されているし、以下の本にも記されている。

袴谷憲昭『批判仏教』（2006）

袴谷憲昭『本覚思想批判』（2006）

松本史朗『縁起と空―如来蔵思想批判』（2006）

松本史朗『仏教への道』（2007）

可藤豊文

可藤豊文は学部が物理化学専攻という経歴の持ち主で、キリスト教、イスラム教、バラモン教、チベット仏教、道教、禅、密教へ分け入り神

秘主義の観点から考察しているが、わたしにはやや抽象が過ぎてついて
いけない。

可藤豊文『神秘主義の人間学』（2007）

可藤豊文『真理の灯籠―ブッダの言葉 30 講』（2007）

可藤豊文『瞑想の心理学―大乗起信論の理論と実践』（2007）

可藤豊文『自己認識への道―禅とキリスト教』（2007）

可藤豊文『悟りへの道―私家版教行信証』（2008）

紀野一義

　紀野一義は仏教一筋で、在家仏教の真如会を主宰した。自身は学徒出
陣で最後は台湾で捕虜となり、両親らは広島で被曝するという体験をし
ている。そういう背景があるからかもしれないが、仏教について分り易
く解説しているように思う。以下の本によって日本の仏教者について一
通り知ることとなり、辯榮聖者（山崎弁栄）についての読書はこの本が
きっかけとなった。

紀野一義『名僧列伝（一）明恵・道元・夢窓・一球・沢庵』（2008）

紀野一義『名僧列伝（二）良寛・盤珪・鈴木正三・白隠』（2008）

紀野一義『名僧列伝（三）西行・源信・親鸞・日蓮』（2008）

紀野一義『名僧列伝（四）一遍・蓮如・元政・辯榮聖者』（2008）

山崎弁栄

　山崎弁栄についての本を読んだ。すこし変わった人だとは思うだけで
あった。

光明修養会『日本の光（弁栄上人伝）』（2008）

藤堂恭俊『宗祖の皮随』（2008）

田中木叉『無邊光』（2009）

阿満利麿

阿満利麿の『日本人はなぜ無宗教なのか』の題名に惹かれて読み始めた。次いで『宗教は国家を超えられるか』を読んで、2010 年の日本キリスト教団大阪教区主催の集会に講師として招くこととなった。集会後喫茶店で雑談しているときにわたしが「いつか死ぬのだったら生きる意味はないのではないかと思って生きてきた」と言うと「それは 1 つの公案ですな」と言われ、へ—そんなふうにもとれるのかと思い、さすが仏教関係の人だなと思った。

阿満利麿『日本人はなぜ無宗教なのか』（2001）

阿満利麿『宗教の深層』（2002）

阿満利麿『無宗教からの『歎異抄』読解』（2005）

阿満利麿『仏教と日本人』（2009）

阿満利麿『人はなぜ宗教を必要とするのか』（2009）

阿満利麿『宗教は国家を超えられるか』（2009）

阿満利麿『社会をつくる仏教』（2009）

阿満利麿『親鸞・普遍への道—中世の真実』（2009）

阿満利麿『法然の衝撃—日本仏教のラディカル』（2009）

曽我逸朗

長野県上伊那郡中川村の村長をしている曽我逸朗は仏教関係のサイトを見ていたとき知ったもので、「電通」の勤めを辞めて長野県の山深い中川村に移住し、村内の公立学校での行事の際に村長として出席しても国旗に礼をしないという精神をお持ちである。

村長という多忙な身でありながら、「月を指す指はどれか？」という
ホームページを開設していて、仏教についての真摯な議論をオープンに
している。ここで教派や教義にとらわれないきわめて純粋でまじめな仏
教についての議論が続けている。このサイトからも多くのことを考えさ
せられた。一度メールを送ったことがあるが、きちんと返信して下さっ
た。

曽我は『国歌、国旗、日本を考える：中川村の暮らしから』という本
も著している。

尾畑文正

親鸞について尾畑文正は分かりやすく記している。教団大阪教区の
2.11 集会の講師の打診をしたが、多忙を理由に断られた。

尾畑文正『親鸞を生きるということ』（2010）

尾畑文正『親鸞への旅』（2010）

尾畑文正『嘆異抄に学ぶ』（2011）

吉本隆明

吉本隆明のお陰でにんげん親鸞の姿が見えるようになった。

吉本隆明『論註と喩』（1981）

吉本隆明『最後の親鸞』（1976）

吉本隆明『今に生きる親鸞』（2005）

親鸞

親鸞に関する本はかなり読んだが、彼は生涯を悩み通し、絶望の極み
を生きた人ではないかと思う。当時の仏教界では許されていなかった妻

帯を実行するなど、どのような断罪、弾圧が待ち受けているかもしれないのに、己の信念を実行する向こう見ずとも思える激しさは日本の宗教史、思想史に刻まれる人のひとりである。

法然とともに流罪となり、5年後に流罪が許されたが越後から京都には戻らず東国の常陸（茨城）、下野（栃木）へ向かい、途中の川の土手に東北地方に生じた飢饉によって多くの餓死者が累々と重なっているのに遭遇したようである。彼は東国で20年ほど布教した。それから京都に戻るが、親鸞が去った東国に信仰上の混乱が生じたため、息子の善鸞を送ったが間違った指導をしてしまったため善鸞を義絶している。

さらに親鸞の元にわざわざ東国から「南無阿弥陀仏と唱えるだけで本当に救われるか」という問いを持って門徒たちがやってきた。それに対して親鸞は門徒が期待したような確たる回答を与えず「釈迦－善導－法然と伝わった教えをこの親鸞が伝えている。あとは信じるも信じないも各自の自由である。」と、それぞれの決断に従ってくれと突き放しているようにみえる。

また晩年になって聖徳太子を高く評価していたそうだが、そのあたりはよく分らない。

天皇制委員会で部落問題にかかわっているメンバーから和歌山の新宮での高木顕明の記念集会のことを教えられた。高木顕明は和歌山県新宮の真宗大谷派浄泉寺の僧であり、日露戦争に対する非戦論者で、公娼制度に反対し、部落問題にもかかわり、新宮における社会主義者たちの一員であった。そのため幸徳秋水事件（大逆事件）に連座したとされ秋田刑務所に服役中に自殺した。彼はただ親鸞の教えを忠実に生きただけであったのに、真宗教団は彼の僧籍を剥奪した。

2009年の9月にこの浄泉寺を訪ねて山口範之住職と話をしたことがある。そこで顕明の研究者として泉惠機さんを知ることになり、この泉

惠機さんを 2012 年の天皇制委員会の集会に招くことになった。仏教の戦争責任の観点から、教祖親鸞の教えに従って生きたのにもかかわらず、真宗教団から僧籍剥奪という処分を受けた高木顕明の生涯について講演してもらった。

　泉惠機さんも、また 2010 年の阿満利麿さんも触れていたのは親鸞の著書『教行信証』のなかの「神祇不拝、国王不礼」だった。これは仏教者は神社に参拝しないし、王（天皇）に頭を下げて従うことはしないということである。

　泉さんが住職をしている滋賀県長浜市の清休寺での高木顕明の記念集会で大谷大学の教員が講演されたが、そこで最後の親鸞の信仰は破綻しているという指摘もあるといった趣旨の話を聴いていたとき、意外に思わず分る気がした。

　ひたすら阿弥陀仏に帰依し「ナムアミダブツ」を唱えるだけの行が他力信仰であり、座禅を続ける行を自力信仰と称することもあるが、底でつながっているのであって別のものではないと思う。「ナムアミダブツ」と唱えるにも条件がある。一遍にもゴータマにも通じることであるが、唱えること以外の一切に絶望していること、死んでいることであると思う。そうでなければいくら唱えたところで鳥がさえずっているだけだと揶揄されても仕方ない。

　吉本隆明『最後の親鸞』（1976）

　吉本隆明『論註と喩』（1981）

　新爛塾『親鸞は生きている』（1981）

　吉本隆明『今に生きる親鸞』（2005）

　阿満利麿『無宗教からの『歎異抄』読解』（2005）

藤場俊基『親鸞の仏教と宗教弾圧―なぜ親鸞は『教行信行』を著したのか』
（2007 刊）

石田瑞麿『教行信証入門』（2008）

阿満利麿『親鸞　普遍への道　中世の真実』（2009）

尾畑文正『親鸞を生きるということ』（2010）

尾畑文正『親鸞への旅』（2010）

尾畑文正『嘆異抄に学ぶ』（2011）

戦争責任

　浄土真宗の菱木政晴さんを 2005 年の天皇制委員会の集会に招いたのは仏教の戦争責任という観点からであった。仏教関係の人を講師にお願いするのは初めてで多少緊張したが、集会の趣旨の説明をしたいと伝えると菱木さんは京都タワーの 3 階の喫茶店を指定されたので、そこで初めてお会いした。大柄で髭を生やした豪快な方であった。集会では著書にあったような真宗の戦争責任について講演された。

　澤木興道という曹洞宗の禅者は駒沢大学で禅の指導も行ったが、日露戦争に出かけて「腹いっぱい人殺しをして来た」らしい。

　キリスト教も同様であるが、とりわけ仏教教団は真宗だけではなく、臨済宗も曹洞宗も日蓮宗もこぞって戦時体制に組み込まれるというよりもむしろ率先して人びとを戦争に駆り立てていった。

　戦後はそうしたことに対して教団としての反省と謝罪はなく、謝罪をしては日本の侵略戦争を否定することになるからできないのであろうが、ということはもしも今後同じような状況になれば同じ事をする可能性を孕んでいる。歴史からなにも学ばなければ同じ歴史を繰り返すしかない。この国の宗教とはそういうものでしかないようである。

菱木政晴『解放の宗教へ』（1998 刊）

西村智誠『なぜ戦場に―僧の身に銃を持たされて』（2001）

菱木政晴『非戦と仏教―「批判原理としての浄土」からの問い』（2005）

大西修『戦時教学と浄土真宗―ファシズム下での仏教思想』（2006）

ブライアン・アンドル・ヴィクトリア『禅と戦争―全仏教は戦争に協力したか』（2006）

大木道惠『仏教者の戦争責任―日蓮正宗の歴史改ざんを問う』（2006）

水田全一『戦闘機臨済号献納への道【検証】臨済宗の戦争協力』（2006）

玉光順正ほか 2 名『高木顕明―大逆事件に連座した念仏者』（2012）

空海

　空海はあまり好きではないが、空海が最期に言ったとされる「生生生生暗生始　死死死死冥死終」つまり「生まれ生まれ生まれ生まれて、生の始めに暗く、死に死に死に死んで、死の終わりに冥し」、人生そのものがわからないで生き、わからないままに死んでいくんだという意味らしい。（向谷匡史『名僧たちは自らの死をどう受け入れたのか』）

『生きる意味を求めて』の最後に「生きる意味があるのかないのか自問自答して生きてきたがついに厳密な解答は得られないままだ」と記したことを思い出した。

一遍

　日本の代表的な仏教者として心に残る人は一遍である。

　一遍は河野道尚という名の武士であったが、若い頃に一度寺で修行している。やがて彼は武士としての争いに倦み果て出家の道を選んだが、その後の生き様が他の僧たちとは違っていた。寺を持たず弟子を持たず、彼に従う無力な群を連れて各地を巡る遊行を繰り広げた。遊行などと記されるが実体は持つものはなにもないまさに乞食行であり、病に倒れれ

ばそれまでで、強盗に遭ってもされるがままの死と隣り合わせの旅であった。彼らがそのような旅を続けたのはゴータマの精神を体現しているともいえるし、この世になんの望みも持てない当時の日本の状況でもあったに違いない。

また芭蕉の場合も旅というものは独特の意義を持つものだろう。芭蕉も死ぬ覚悟で深川を出て奥州に向かったはずだ。

一遍の一行はひたすら「ナンマイダー」を連呼しながら踊り続ける「踊り念仏」を訪れた各地で繰り広げた。長野県臼田に住む大学ラグビーの後輩のところへ遊びに行くことになったが、近くに跡部という地区があり、そこで毎年「踊り念仏」が開かれることが分り、そこの区長宅を訪ねた。少し話をした後でこの地区で開かれた踊り念仏を撮影したビデオを観せてもらった。

しかしその映像に出てくる踊りのさまは盆踊りのようでもう一遍のときのようではないと思われた。一遍の「踊り念仏」はおそらく正常な精神状態ではなく死を背後にひそめて、いまあるいのちを燃え立たせるような激しさや恐ろしさを孕んでいたにちがいない。だからこそ一遍の行く先々で人びとは集まってきたのであろう。

一遍は賀古（現在の加古川）の教信沙弥の生き方に魅せられ、死期を悟ったときに、賀古に向かおうとしたが、果たせず、神戸の兵庫区の真光寺のあたりで死んだとされている。この教信沙弥は捨て去ることを徹底し、死んだら屍を犬に食わせろと遺言したそうである。ただ本来の仏教では屍の処理としては鳥葬、土葬、火葬に加え、犬葬というのもあるそうだから別に驚くことはない。

こうした一遍の生涯は忘れられないものとなり日本の仏教のひとつの形であると思うようになった。

教信については加古川に教信寺という寺があり、そこへ見学に行った

ことがある。JR 加古川駅から南東の方にあった。続いて一遍が死んだ
ところとされる神戸兵庫区の真光寺へも回った。JR 兵庫駅から南の方
に行ったところにあった。

　　聖戒（大橋俊雄校註）『一遍聖絵』（2003）

　　宮元啓一『日本奇僧伝』（2007）

　　佐江衆一『わが屍は野に捨てよ——一遍遊行』（2008）

　　大橋俊雄『一遍聖』（2008）

　　栗田勇『道元・一遍・良寛』（2008）

　　栗田勇『捨ててこそ生きる　一遍遊行上人』（2008）

　　栗田勇『一遍上人—旅の思索者』（2008）

　　渡辺貞麿『教信沙弥と往生人たち』（2008）

前野隆司

　　自分の存在が無や空であるとはなかなか理解しにくいものであるが、
「私」というものは幻想であるということを前野隆司は分かりやすく解
説している。前野は機械工学の研究者でありながら仏教からのアプロー
チなしでゴータマと同様の結論を導いている。

　　前野隆司『錯覚する脳—「おいしい」も「痛い」も幻想だった』（2007 刊）

　　前野隆司『脳の中の「私」はなぜみつからないのか』（2008）

　　前野隆司『脳はなぜ「心」を作ったのか「私」の謎を解く受動意識仮設』
　　　（2008 刊）

　　前野隆司『脳はなぜ「心」を作ったのか』から一部変更して引用する。
アンダーラインは引用者による。

「「自分」とは、からだと脳を含めた個体としての自分を示し、「私」とはわたしの意識のこと。〈私〉とは「私」の自己意識から「自己意識」という概念の意味記憶を取り除いたクオリアの部分であり、「私」にも増して個性がない。

〈私〉とは記憶や知情意の多様さとも関係なく、ただ単にピュアに「〈私〉というクオリアは〈私〉である」という決まりが脳の中に定義された結果作り出されたクオリアに過ぎない。

主体的であるように思える知情意のクオリアが錯覚であるように、リアルに存在するように思える〈私〉のクオリアも錯覚から作り出されたに過ぎず個性はない。人間の身体一つに〈私〉は一つ。進化とともに「意識」というものができた以上、人間の身体一つに、一つの〈私〉というものの決まりが定義された。それだけの話である。

〈私〉とは、「私」のなかから、ものやことに注意を向ける働きの部分を除いた、自己意識について感じる部分のこと。つまり、〈私〉とは、自己意識の感覚—生まれてからこれまで、そして死ぬまで、自らが生き生きと自分の意識のことを振り返って、ああ、これが自分の意識だ、と実感し続けることのできる、個人的な主体そのもの—のことだ。」
（引用終わり）

つまり、「私」は他のなにものからも独立した存在であり、おのれ独りでものごとを決定し実行していると勘違いしているが、そんなものはどこにも存在するものではなく、そういう「私」が存在すると思いたいという希望に過ぎないということになる。

もっともわれわれはこの肉体こそは存在しているのは疑いようはないと思うが、それも大きい意味で無常なる生命現象に過ぎず、実在ではな

く現象である。この世に実在するものなどなにひとつない。

原始仏教

　中村元の原始仏教に関する著書も読んだ。以前から中村元には何冊か著書もあることは知っていて読みかけたこともあるが、その時はあまり興味がわかなかった。しかし自分自身の認識や興味の有り様でその見方も変化し、中村他『バウッダ・佛教・』（99.10.27）を読んだあたりから中村あるいは原始仏教というものに対する認識が新たになった。

　つまり仏教と一口にいっても生前のゴータマ自身が言ったあるいは行ったとされていること、つまりゴータマ直後の原始仏教、そして小乗仏教、そしてその100年後に起こった大乗仏教と時間的に多種多様であることを知ることになった。これはキリスト教における正典編集の歴史にも通じる。

　中村の弟子らしい以下の人たちの本は読みやすくポイントを突いている。

　羽矢辰夫『スッタニパーター—さわやかに、生きる、死ぬ』（2007.10）
　松田槇也『ダンマパダ—心とはどういうものか』（2007.10）
　羽矢辰夫『ゴータマ・ブッダ』（2007.11）
　羽矢辰夫『ゴータマ・ブッダの仏教』（2007.11）
　下田正弘『パリニッバーナ—終わりからの始まり』（2007.11）
　服部育郎『テーラガーター—真の心の安らぎとは何なのか』（2007.11）

　これらは大乗諸宗派の仏教用語でちりばめられたもっともな教えではなく、日常の言葉で、ピュアなゴータマの思想が記されているように思われ、さわやかな感じすら受けたが、とりわけ羽矢辰夫の『スッタニパーターさわやかに、生きる、死ぬ』、『ゴータマ・ブッダ』、『ゴータ

マ・ブッダの仏教』、それに下田正弘の『パリニッバーナ―終わりからの始まり』は大変参考になった。

韓国人の仏教書

鶴橋駅のガード下の書店で法頂（金順姫訳）『無所有』（2007）が目にとまったので買って読んだ。韓国人の禅宗のようであった。この著者にはさらに法頂（河野進訳）『すべてを捨てて去る』（2007）もあり、本のタイトルがおもしろい。韓国人のこのような本を読むのは初めてで、同じように考えるものなんだなと思ったが、むしろ朝鮮半島の仏教がこの国に影響を与えたのであろう。

以下の本も読んだ。

田上太秀『「涅槃教」を読む』（2008）

田上太秀『仏陀のいいたかったこと』（2008）

友松圓諦『仏陀のおしえ』（2008）

蒲田茂雄『仏陀の観たもの』（2008）

益谷文雄『釈尊のさとり』（2008）

仏教理解の決定版

宮元啓一

宮元の著書によって日本の現在の仏教について、なんだそういうことだったのか、という思いにさせられ納得でき、見通すことができたと思った。それは原始仏教というものに目を開かれていたという伏線はあったからだと思う。

要するに大乗仏教はバラモン教ないしその後のヒンドゥ教の神々のパ

クリに過ぎず、それは教祖のゴータマに由来するものではなく、発展ではなく変質だったのであり、その主義主張するところはむしろゴータマに反するものであると分かったのである。だから御利益になってしまう訳も分かった。多くの寺にある仏像はどうして釈迦（ゴータマ）ではないのかという疑問も解けた。

宮元啓一『ブッダが考えたこと』（2005）

宮元啓一『般若心経とは何か―ブッダから大乗へ』（2005）

宮元啓一『ブッダ』（2007）

宮元啓一『インド哲学七つの難問』（2007）

宮元啓一『インド文明5000年の謎』（2007）

宮元啓一『日本奇僧伝』（2007）

宮元啓一『仏教誕生』（2011）

宮元啓一『仏教かく始まりき―パーリ仏典『大品』を読む』（2011）

宮元啓一『わかる仏教史』（2011）

宮元啓一『インド死者の書』（2011）

宮元の多数の著書の中でわたしが最も参考になったのはこれらのなかで最もコンパクトな『ブッダ』（2007）それに『インド文明5000年の謎』（2007）であった。

宮元啓一から引用する。アンダーライン、括弧内は引用者による。
「「ブッダ観の移り変わり」（『ブッダ』）
最終的な心の平安に至った人は、善悪を超越し滅ぼしているのであるから、価値判断に何の意味を見出すこともなく、またこの世に生きることに何の意味も見出すことがない。根本的な生存欲を滅ぼした人にとって、世界のいかなるものも意味をなさないというのがゴータマが成道で

到達した境地である。

　根本的な生存欲がなくなるということは、生きようとは思わなくなることである。そのまま朽ちて後は死を待つばかりという心境になっても不思議ではない。ジャイナ教では、涅槃に至った人はただちに完全な断食に入り、そのまま死ぬのである。

　ゴータマは成道から涅槃に入るまでの45年間を方便として生きたのである。ゴータマは生きる意味のない人生を、方便として、あたかも意味があるかのごとく見なして生きたのである。

　ゴータマは出家であった。出家は世俗の価値観を否定する。弟子たちに、世俗の価値に沿うように考えたり行動することを固く禁じた。世俗で重んじられるものは人情、親子の愛、夫婦愛、兄弟の絆、友情、性愛であり、それらを物質的に支える財産への常識的な執着である。ゴータマはそうした人情をことごとく否定する。

［大乗仏教］（『わかる仏教史』）

　前2世紀から、讃仏運動や仏塔崇拝を背景に、ヒンドウ教の救済主義の影響を受けて（民衆の要求を受け）、在家の信者から民衆的で救済主義、神秘主義的な仏教がおこり、新たに経典が編纂された。般若系、浄土教系、華厳系、法華系など趣の違う流派があるが、大乗仏教では超越的な仏や菩薩の「慈悲」による救済が強調される。呪文や経典崇拝や神秘主義的直感によって、人々は容易に仏になれるとした。自力によるにしろ、他力によるにしろ、一足飛びにワープして彼岸に渡れる。そしてだれでもが仏になれる。菩薩となれる。これが大乗仏教の主張である。」

（引用、終わり）

　仏教について見通せたと思った地点とそこへ至る道程はキリスト教におけるものとアナロジーである。そして教祖を神格化することによって

その思想を骨抜きにし、およそ教祖が言いたかったこととは逆のことを喧伝し、それこそが信仰だとしている点もアナロジーであることを見通すことができた。

　３年ほどの間、先の見えない暗い仏教というジャングルを彷徨い歩いていたが、その読書の中で宮元啓一の本と出会い、ぽっと光の射す明るい広場に出た思いがし見通せたと思った。分かったということではないが、ああそういうことかと思えた。

「生きる意味はない」という命題に対してはゴータマの仏教がぴったり対応している。姫路獨協大学の外国語学部の教授であった真継伸彦さんはわたしに「宮井さん、仏教では生きること自体が罪なんです」そして「仏教というのはグーからパーなんです」と言われた。ゴータマは独身を勧めたし、ゴータマと同時代のマハービラを祖とするジャイナ教では生きることは悪とされ出家者は洞窟に中で座って死を迎えたそうで、まさに即身成仏である。
　いのちを否定することに徹する試みは仏教やジャイナ教だけではなくキリスト教世界にも存在するようで、カトリック系のある種の修道会やエジプトのコプと教などはそれに近いように思う。山形孝夫『砂漠の修道院』（1987）にコプト教のナイル川西岸に置ける砂漠での修行の様子が描かれている。
　ジャイナ教については高橋和己の著書『邪宗門』を読んで知っていた。

　ゴータマは仏教を起こそうと考えた訳でもなく、仏典を記した訳でもなく、ただ自分の生き方考え方を伝えて歩いただけであるし、イエスも当時のユダヤの宗教権力を批判的に見ていたが、キリスト教を起こそうという考えもなく、ましてや他ならぬ自分が神の子にされるなんてこと

を知ったらたまげて腰を抜かしてしまうであろう。

　宗教とはにんげんを超えたものを想像したり想定したりしそれに対し祈願するものであるように考えられているふしがあるが、あくまでにんげんの存在の意味、生きる意味を問い続けることであると思う。にんげんを超えた存在を設定するという前提には与しない。もともとにんげんであったイエスやゴータマを神や仏に祭り上げそこに教義教理を積み上げて教派教団を構成するというのは元来のイエスやゴータマの考えにはないものだ。

哲学というもの

　大学の1年次の科目に「哲学」があったが、専門科目の時間割との関係で履修できなかった。2年次になって教育学部の専門課程の授業に「哲学―原書講読」という科目を見つけ、工学部の科目との重なりもなかったので、ラグビー部の同級生2名を連れていった。受講生はほかにもうひとり教育学部4年次の方がいて、授業は教授の研究室の隣の演習室で行われた。この教育学部の4年次のひとはほとんど欠席だったので、工学部の3名だけが毎週出席し、テキストとなったプラトンの『The Republic（理想国家）』の英訳版『PLATO'S REPUBLIC』の一部分を訳し、それに教授が説明を加えた。しかし、ここからはあまり得るものはなかった。このテキストは今も残っていて、品川書店の教授への領収書が挟まれていた。教授も既に亡く、市内で唯一専門書を置いていた品川書店もつぶれてしまい今はない。50年も経てばそうなる。

　「哲学」は結局履修できないままだったが、「倫理学」と「論理学」を

履修した。「倫理学」では西田幾多郎それにギリシャのある哲人の生き方が解説され、おもしろいと思ったが、学期途中で教授が体調を崩され授業は途中で終わってしまった。「論理学」もそんなものかと思うだけであった。この論理学の教授は授業中に「（新約）聖書を読んでみたが、あれは矛盾していて信用できるものではない」と語ったのを覚えている。

　当時はキリスト教に関心があったので、宗教関係の本を読んでいると、西田幾多郎やアウグスティヌス、カフカ、ロマン・ローラン、ヒルティ、キルケゴール、カント、ニーチェ、それにマルクスなどが出てきた。またタゴールについての本や詩集の原書を取り寄せて読んだ。

　ここではキルケゴール、ニーチェ、カント、ハイデガー、サルトルとのかかわりについて記す。

キルケゴール

　キルケゴールはキリスト教に関係するようなので、彼の本を読まなければと思い買って読んだ。以下の5冊の文庫は今も本箱にある。赤鉛筆で線を引いているが、部分的にしかも自己流にしか理解できなかった。キルケゴールは読んだ割にはあまり血肉とはならなかった。おそらく分らなかったのだろうが、いま目を通してもそれほど納得できる部分はない。

　彼の名前は「教会の庭」と言う意味で、キリスト教の影響を深く受けているようであり、かなり屈折しているという印象を受ける。この点はキリスト教を罵倒したニーチェをはじめ、ヨーロッパの人たちの共通の問題のようである。

キェルケゴール（斎藤信治訳）『死に至る病』（（1965.5.14）

キルケゴール（桝田啓三訳）『反復』（（1965.7.21）

キェルケゴール（斎藤信治訳）『不安の概念』（1965.9.30）

哲学というもの

キルケゴール（飯島宗享訳）『誘惑者の日記』（1966.3.10）

キェルケゴオル（芳賀檀訳）『愛について』（1966.3.10）

カント

カントといえば『純粋理性批判』、『実践理性批判』であるが、いずれも学生時代に読んでみたがさっぱりおもしろくなく、こりゃ駄目だで終わっている。これはマルクスの『資本論』のときも同じで、「剰余価値」という語が出てきて、もうこれで続行できなかった。西田幾多郎の『善の研究』も似たようなものだ。

彼の名のインマヌエルというのは「神我と共にいます」という意味のヘブライ語であるから、彼自身は表面上はキリスト教徒として生きたのであろうが、実際は教義などは超えていたようである。

いまさら『純粋理性批判』や『実践理性批判』を読む気になれず、ウェブサイトを探っていると参考になるものがあった。

「哲学する感動——自分を知るための哲学入門」

（http://www.phenomenology-japan.com/suginokou.htm）

これはある大学での講演であり、カントだけではなく哲学全般にわたって分り易く語られている。哲学に関してこれほど分り易い記述は知らない。講演しているのは竹田青嗣という人である。以下に部分的に引用する。

「カントに「アンチノミー」（二律背反）という議論があります。アンチノミーの議論というのは、「世界のほんとう」は分るのだろうかという問題です。

近代哲学以前の「スコラ哲学」では、世界の究極原因は「神」であるということは自明であった。ではそれをどう証明することができるのか。

113

そこでこういう考え方は終わりにしようと言うのがカントです。そして、「世界のほんとう」とは何かという問いは決して答えられない、ということをカントは『純粋理性批判』で証明しようとした。

　カントはそうした「世界のほんとう、世界の謎」の問い方を集約すると以下の４つになると言う。

　1）世界の果てはあるのか？

　2）最小物質はあるのか？

　3）人間はほんとに「自由」か？

　4）神は存在するのか？

　この４つの問いに答えることができれば「世界のほんとう」が理解できるはずだが、カントは究明できないと論理的に証明できると主張した。カントに続く近代哲学者はみなこのカントの考え方を引き取って先に進んでいる。

　つまり、「世界の究極原因」を問うのはもう無駄だと認めて、もっと大事な問題、軸になる問題について考えようということになった。人間にとってもっと大切なものがあるではないか。それは道徳、つまり人間の価値の問題である。そうカントは言った。そういう言い方で古い「形而上学」を焼き滅ぼしてしまった。」

（引用終わり）

　この講演を通して哲学の歴史を見通すことができたような気がした。おそらく竹田というひとは世界の哲学の歴史を見通せたからこそ説得力のある表現が可能になったものと思う。

ニーチェ

　宮原浩二郎の『ニーチェ―賢い大人になる哲学』（2016）を読んでからニーチェはそういう人だったのかと改めて思った。

哲学というもの

「神は死んだ」で有名なニーチェは学生時代に『この人を見よ』、『ツァラトウストラはかく語りき』を読んだが、本箱には残っていない。わたしには合わないと思って処分したようだ。

「この人を見よ」というのはヨハネによる福音書 19-5 にあるピラトの言葉で 1993 年の新共同訳では「見よ、この男だ」となっている。またどこかで読んだが、大英博物館のある部屋の入り口に洗礼者ヨハネの像があり顔をこちらに向けたまま、手を後方に挙げて指し示していて、その先にはイエスの像があるという構成にしてあるということだったが、このヨハネが「この人を見よ」と叫んでいるらしい。ラテン語では「エッケ・ホモ」で、イスラエルにこの名前の教会があった。

ニーチェはゾロアスター教（拝火教）にご執心であったが、ゾロアスターというのは英語表現であり、原名はザラスシュウトラ（Zarathustra）だから、「ツァラトウストラ」という名を著書（訳書）に付けたのであろう。

後年になって、適菜収訳『キリスト教は邪教です』（2005）を読んだ。

2002 年に買ってあった『ニーチェ―賢い大人になる哲学』を改めて読んだ。妹のエリザベートがニーチェの著作をいじったので、どこまで正確な著作かは分らないらしい。

ニーチェの優生法につながる思想がナチに利用された形跡がある。ワーグナーが好きだったからそういう傾向はあったのだろう。

この宮原の本で示唆された事柄はいくつかあった。

ニーチェはキリスト教会が押し付ける罪や罪人意識からは脱却したようだが、ゾロアスター教のアフラマズダーから拝借した「ツアラツストラ」を書くなどまだ宗教色に染まっている面もあるようだ。小さいころ

からキリスト教の支配が強烈であった西洋人には無意識にその影響が残っているとみえ、そこから逃れるのは並大抵のことではないことが分る。

　ニーチェは教会に依存せず教会の言う救いを否定し、この世を自分の思いだけに従って生きることを求めた。「神は死んだ」の意味が今はよく分かる。

ハイデガー

　2017.11.19 の朝日新聞に掲載された「古典百名山」という古典を紹介する欄での大澤真幸の文を読んでハイデガーの大著『存在と時間』のおおよその姿が見えた気がした。そしてそういうことならそれはわたしがこれまで生きてきたことと重なるではないかと思った。

　学生時代からハイデガーや『存在と時間』の名だけは知ってはいたが、そのころは抽象的な理屈をこね回しているだけで、わたしとは関係はなさそうに思えた。そのハイデガーが突然目の前にやってきた。

　姫路獨協大学の先輩教授に哲学担当の方がおられて、その方が開学時の学部の最初の顔合わせのときに、長年課題になっていたものがハイデガーによって解決した、と語っておられたことを覚えている。その後ハイデガーは大戦中ナチに協力したことが新聞に報じられていて、このことを先輩教授に言おうとしたがやめたことも思い出す。

　大澤真幸は「古典百名山」で概ね以下のように記している。括弧内は引用者による。
「もし自分の存在の可能性を本気で気づかうならば、現存在は、ひとつのことを見すえざるをえなくなる。己の死である。いずれ確実に自分の存在そのものが不可能になる。死を運命として自覚的に受け入れること

を「死への先駆」と呼ぶ。実際に死が訪れる前に、死の方へ先走っていき、そこから自分の人生をとらえ返すからだ。死への先駆によって現存在は自分の将来の〈有限の〉可能性にかかわらざるをえない。そのことは同時に、過去から与えられた自分の条件を引き受けることでもある。かくして今、現存在は行為する。

　ハイデガーによれば、死の覚悟がある者だけが、「良心の呼び声」に応えることができる。どうしてか。こう考えるとよい。永遠に生きるとしたら、今それをやるかどうかは重要なことではなくなる。いつかやればよいからだ。（しかし）死がいつでも訪れうるという状況の中で初めて、今それをなすべきか（否か）が切迫した倫理的な選択になる。」
（引用終わり）

　さらに山竹伸二の心理学サイト「02. ハイデガー『存在と時間』を読む」から抜粋引用する。（http://yamatake.chu.jp/03phi/1phi_a/2.html）「人間は死の不安に直面した時、自分が孤独であり、同時に自由でもあることを知るというのだ。この時、世俗的気遣いから切り離され、何を成すべきかが自分自身に委ねられることになる。つまり、本来的な生き方を選ぶ可能性が開かれるというのである。

　死の不安に直面したとき、死への自覚によって、人間は頽落から脱して、自由な人間として自立することが可能となる。世俗の欲望への執着や自己中心的な態度から解放され、他者を真の意味で共存在するものとして了解し、本来的な実存の可能性を促し合うことができると言うのである。

　人間の全体性は、「死」という終わりと、「生誕」という始まりを合わせたものであり、私たちは死と生誕の間に自らを伸び拡げるという仕方で存在している。死と生誕を意識することで、生の全体を時間的、歴史的なものとして存在させているのである。」

（引用終わり）

「存在」と「時間」そのものは抽象的な語であるが、それらを「わたし」と「誕生から死までの時間」とすれば具体的になり分りやすい。すなわち「わたしが生まれて死ぬまでの時間」についての議論ととらえて考えてもいいのではないか。

　なぜかプルーストの『失われた時を求めて』を思い出す。
　また『存在と時間』を徹底していけば結局はゴータマに行き着くのではないかという気もする。
　ハイデガーについて書き留めていてふと新約聖書学者のブルトマンのことを思い出した。どこか似ている気がしたのである。改めて調べてみると、ふたりはマールブルク大学で同僚であり、ブルトマンはハイデガーの実存主義的思考の影響を受けたそうである。そういうところから非神話化論などが生み出されてきたとも考えられる。やはり両者は近い関係にあったのである。

　それにしてもハイデガーにしろ西田や滝沢にしろ同時代の哲学者とされる人がそれぞれ信念にもとづいてなしたことかもしれないが、どうして結果として体制に順応していった体質を持ち合わせたのであろうか。なにか共通の背景というものがあるのかもしれない。

サルトル

　サルトルは 1966 年にボーヴォワールとともに来日したが、フランスの抽象的な思想家だと思い、史的イエスにこだわっていたわたしには遠い存在だった。
　ところが 2017 年に、堀田善衛の『めぐりあいし人びと』、『スペイン

118

哲学というもの

の沈黙』、『歴史の長い影』を読むとそこでサルトルのことが記されていた。とりわけ『歴史の長い影』で「それは彼の絶望の深さを示すものであるかもしれない」という件があったので、改めてサルトルについて調べた。

　代表的な著書は『存在と無—現象学的な存在論の試み』、『実存主義とは何か』、『嘔吐』のようで、書名だけはなんとなく知っていたが、改めて読む気もなくとりあえずサイトを見ることにした。

　以下の二つのサイトが参考になったので部分的に引用する。

「ジャン＝ポール・サルトルのおすすめ本３選！真に自由に生きるための哲学」https://honcierge.jp/articles/shelf_story/2102

「『嘔吐』は主人公である学者のアントワーヌ・ロカンタンの日記形式で書かれた物語です。主人公はある日突然、これまでの自分の行いや楽しんできた物事に対して〈吐き気〉を催すようになってしまいます。

　主人公の吐き気は「実存への不安」に対する吐き気（嫌悪感）だったのです。自分もまたただ自分としてそこに存在するだけで、そこに意味や理由などは保証されていないということに対する茫漠とした不安の隠喩であると言えるでしょう。

　人間は自由であることが運命付けられているというのがサルトルの一貫した主張ですが、同時に、人間は時にこの「自由であること」を重荷に感じ、不安に陥ることについても言及しています。

　サルトルが多くの批判に晒されながらも、それでも戦後のフランス言論界、あるいは世界の知識人たちに多大な影響を与え続けたのには、この私が今ここに存在しているのは偶然に過ぎず、意味などないという不安、すなわち〈吐き気〉を深く自覚しながらも、それでも社会や世界に対して何事かを成そうとするアンガージュマンを唱え、自らも実践した

ところにあるのではないでしょうか。」

「哲学入門、哲学的に物事を考えるとは」

　http://www.ozawa-katsuhiko.com/17nyumon/nyumon_text/nyumon16.html

「こうして「実存は本質に先立つ」という標語がいわれてくることになります。これはつまり、人間の場合「現実に存在している」ということが「もの」のような「なになにであるという本質規定」より先だということで、いってみれば人間は「本質存在ではない」ということです。

　ではその人間の「現実に存在している姿」はどのようなものなのか。サルトルにいわせると、人間に絶対と言える「本質」などないとなっていました。ですから、人間は「何のために生きているのか」も全然わからないものです。

　なぜ不安なのかというと「世界の意味がわからず」「自分の生」にも意味がわからないからです。「舞台も分からず、役柄も分からず、セリフもない」役者の身になって考えて見てください。こういうことになると、この役者にとってこの舞台（人間とすればこの世界）はまるでよそよそしく「自分の舞台」とは思えません。こんな状況は「疎外」と言えます。自分の演技はどうもこの舞台にあっているとは思えないと見えてくるからです。

　もちろんたしかに、この役者は「自由に」演技ができます。何も決められていないのだから当然です。しかし、この自由はむしろ「呪い」です。なぜならこの役者は、自分で「選んで」この舞台にでてきたわけではないのですから、「やっていることの意味も分からず、何をやってもその意味が確認できない」ような、そんな「自由」なのですから。」

（引用終わり）

哲学というもの

　サルトルの『嘔吐（吐き気）』はわたしが学生時代に味わった「生きる意味のなさ」、「空しさ」、「虚無感」につながるものではないかと思う。それらは底なしであり、そのときは一切の生きるエネルギーを失わせるもので、完全に打ちのめされ打ち拉がれていた。苦しい明日という日を過ごさなくてはならないかと思うと脅迫観念に襲われなかなか寝つけなかった。

　実存主義というのは要するに「本質」と称されるキリスト教の神といった前提を抜きして考えるということのように思える。
　キルケゴール、カント、ニーチェ、ハイデガー、バルト、ブルトマン、それにサルトルにしても共通しているのは結局従来のキリスト教の神観、伝統、習慣にしばられとらわれ、もともとのイエスの思想から遠く離れてしまった状況からいかに逃れようかともがいているように思えてならない。

　カントやニーチェについてかつては理解できず誤解していたようであったが、ようやく分かったような気がした。いずれも従来の教会的キリスト教が縛ってきたにんげん性というものを復活させたものと理解する。また最近になって知ったハイデガー、サルトルにしても同じような範疇に入るような気がする。

　これまで哲学などと事改めて考えることはなかったが、今から考えれば、わたしが学生時代から考え続けてきたことはそのまま哲学だったのではないかという気がしてきた。ただしカントからみれば「生きる意味はあるのか」に対する答えは「ない」ということになるのだから、哲学的にみればわたしは愚かなテーマとも言えないものに一生を費やしてきたということになる。ゴータマ的には「無記」なるものと無駄な格闘を

121

くり広げてきたということになる。

　しかし、愚かな問いに性懲りもなく50年以上も拘り続けてきたからこそカントが理解できるのかもしれない。そう考えれば50年も無駄ではなかった。

　カントは「形而上学」を焼き滅ぼしたらしいが、わたしはニーチェやカントなどの哲学抜きの主に宗教書の読書を通して、キリスト教の教義から自由になったし、聖なるものとか、霊的なものというものはいつしか払拭してしまっている。

　哲学というものとしてここで記してきたことはすべてわたしの理解できる範囲内のものだけに限定し矮小化したものである。しかし学生時代から考え続けてきたことが行き着くところへきてしまったという感はある。

欧米の音楽から

「What a wonderful world」

　ルイ・アームストロングの歌に「What a wonderful world」というのがありこれまでもときどき耳にしたことはある。しかしその歌の意味をそれほど深く考えることはなかった。最近になってテレビを通してアーサー・ビナードという日本在住のアメリカ人を知ることになり注目していたが、彼が沖縄の高校で学生にこの歌の内容に従って描かれた絵本を紹介していたのをテレビで観て驚いた。改めてこのアーサーという人と

欧米の音楽から

この歌の内容に。

　この歌は泥沼化したベトナム戦争への嘆きから生まれたそうで、大自然の美しさを謳い、この世はなんとすばらしいんだ、という内容のものである。

　嘆きからというより、にんげんの生き方としてそうではないだろうというアンチとして出てきたのであり、そしてそうでないことを希求する。そこから反戦運動も生まれてきたのではないだろうか。

　しかしここには少なくとも教会的な神はいない。

「世界はなんと美しいんだろう」というフレーズはコルベ神父について記した本の中にあったのを思い出す。それは第二次大戦中ナチのアウシュビッツ収容所に収容されていたユダヤ人の中にコルベ神父もいて、ある日逃亡者が出たため、その懲罰として処刑される 10 名が選ばれたが、そのなかで妻と子の名を叫んで救いを求めた男の身代わりにコルベ神父が名乗りを上げガス室に入ることになったが、そのとき収容されていたある人が「世界はなんと美しいんだろう」とつぶやいたというのである。

　この歌についてはドン・キューピットの著書『未来の宗教―空と光明』の中に出てくるものと重なる。18 章の「さまざまな警告」に「私の示唆する宗教を誰もが知っている教団化された宗教と比較すると、伝統的なヨーロッパの古典的な音楽に対比したジャズに似ている。ジャズはポスト歴史的で、即興的で、簡単に共同で演奏できるぶっつけ本番の芸術だ。」と記されている。

「What a Wonderful World」
（作詞・作曲：George David Weiss - G. Douglass）
I see trees of green, red roses too

I see them bloom for me and you

And I think to myself, what a wonderful world

I see skies of blue and clouds of white

The bright blessed day, the dark sacred night

And I think to myself, what a wonderful world

The colors of the rainbow, so pretty in the sky

Are also on the faces of people going by

I see friends shaking hands, saying how do you do

They're really saying, I love you

I hear babies cry, I watch them grow

They'll learn much more than I'll ever know

And I think to myself, what a wonderful world

Yes, I think to myself, what a wonderful world

おおよそ次のような意味であろう。

わたしの目には緑の木や赤いバラが見える。それらはまるでわたしと
あなたのために咲いているようだ。この世は何と素晴らしいのだろう。
わたしは青い空、それに白い雲を見上げる。そして輝かしい祝福の日
と神聖な夜。この世は何と素晴らしいのだろう。
虹が美しく空にかかり、通り過ぎる人々にも映っている。
わたしは友人たちが握手し、お元気ですかと語りかけているのが見える。
彼らは心から「わたしはあなたを大切だと思う」と言っている。
わたしは赤ん坊が泣くのを聞き、彼らが成長してゆくのが見える。

彼らはわたしが知るよりもよりもずっと多くのことを学ぶにちがいない。この世は何と素晴らしいのだろう。そう、この世は何とすばらしいのだろう。

「この世はなんとすばらしいのだろう」というフレーズが繰り返されるが、これはまさにイエスの「神の支配」の世界ではないかと思う。イエスには弟子たちやパウロが持ち込んだ罪（原罪）はない。それらはイエスの死後に弟子たちがイエスの意味を理解しようとして旧約の預言者の贖罪信仰を利用したからである。神が支配する世界にはもはや罪もなければ罪からの救いの必要もない。

　ふと一遍のただひたすら「ナンマイダー」を唱えて踊り続ける「踊り念仏」を思い出す。

「Imagine」

　ジョン・レノンの有名な「Imagine」という歌があることは知っていたが、その意味まで深く考えることはなかった。改めて調べると、天国や地獄なんかない、また国や宗教もないんだと想像してみようという内容のようである。それでは現状肯定を旨とする保守派にとっては都合が悪かろう。しかしそれはまさにイエスの「神の国」、ゴータマの「仏の国」そのものだと思う。想像しようと言うのはそれがまだ現実のものではないからでもあるが、それはイエスが言った「神の国を求めよ」とか「神を待ち望め」と同値ではないか。だから昔はイエスを殺し今はレノンを殺すということになるのだろう。

　「Imagine」
　（作詞・作曲：Lennon John Winston）

Imagine there's no Heaven
It's easy if you try
No Hell below us
Above us only sky
Imagine all the people
Living for today...

Imagine there's no countries
It isn't hard to do
Nothing to kill or die for
And no religion too
Imagine all the people
Living life in peace

You may say I'm a dreamer
But I'm not the only one
I hope someday you'll join us
And the world will be as one

Imagine no possessions
I wonder if you can
No need for greed or hunger
A brotherhood of man
Imagine all the people
Sharing all the world

欧米の音楽から

You may say I'm a dreamer

But I'm not the only one

I hope someday you'll join us

And the world will live as one

おおよそ次のような意味だと思う。

天国など無いと想像してみろよ。そう考えると楽だろう。

われわれの下に地獄など無く、われわれの上にはただ空があるだけだ。

われわれはただ今を生きているだけだ。

国家なんて無いと想像してみろよ。そう難しいことではないだろう。

何かのために人を殺すことも死ぬこともない。

そして宗教もない。ただみんなが平和に生きることを想像してみろよ。

わたしのことを夢想家だと言うかもしれないが、わたし一人ではないよ。

いつかあなたもみんな仲間になって、世界はひとつになる。

何も所有しないことを想像してみろよ。あなたはできるだろうか。

欲張ったり飢える必要もない。人類同胞。

みんなが世界を分かち合うということを想像してみろよ。

わたしのことを夢想家だと言うかもしれないが、わたし一人ではないよ。

いつかあなたもみんな仲間になり、世界はひとつになる。

「What a wonderful world」や「Imagine」はイエスが示した神の支配に近いものを表現していると思う。

「What a wonderful world」には国家や宗教の影はなく、大自然とにんげんだけである。「Imagine」でははっきりと国家や宗教はない世界を目指している。

　ゴータマには国家や宗教教団の影は薄い。諸行無常だから、既成のな

にかに寄り掛かるようなことはありえない。30歳下の従弟のアーナンダーと遊行するほかなかったのは当然である。弟子たちの教育や教団の生活には何の意味も見いださなかった。そんなことはどうでもよかったのだろう。

　イエスも国家や教団の影はない。いずれもアナーキーといってもいいのではないかと思う。

狭間に生きる

「What a wonderful world」で歌われる地球の自然とそこに善意に生きるにんげんの姿は美しい。イエスが語った「神の支配」はこのような情景も視野にあったことをうかがわせるものである。

　しかしそれとは裏腹に現実のにんげんの歴史は殺し合いの連続であり、それは現在も進行中であることは誰しも知るところである。何かが変らない限り今後もこうした歴史は続いていくに違いない。そんな世界のどこが美しくすばらしいのかということにもなる。

　もちろんイエスもゴータマもそうしたことは承知であり、その現実を突き抜けて観たものを語ったのであろう。

「What a wonderful world」や「Imagine」もそうであるが、宗教というもの、少なくともゴータマやイエスが示したものはその当時の社会のありようをよしとしないアンチとして現れ、現実の社会をそのまま認めようとはしないものであった。しかし彼ら自身ができたのはそこまでであって、ゴータマはのたれ死にし、イエスは十字架刑に処せられた。

　ゴータマやイエスはその時代でそれぞれの生き方を示したことになる

が、だからといってそれで一切が解決したというわけではない。それは当時も今も同じことであろう。

　20歳から考え続けてきたキリスト教それに仏教を見通せたと思ったときに、この身に満ちた穏やかな気持ちはその後も変わらずこの身を満たしている。

　しかしいくら見通せたといっても、それはそれぞれの宗教における教祖が言わんとした思想であり、その教祖の思想が時代を経てどのように変遷していき損なわれ、むしろ逆の方向に進んでいるという両宗教のありようであった。

　すでに亡くなった教祖の思想がその後のにんげんの社会に生かされるかどうか。その思想が2000年や2500年後の社会にコミット可能な思想であるかどうか。ゴータマの思想はどうか。イエスの思想はどうか。教祖の思想からにんげん社会に対してどういったアプローチができるのかということになる。現在のところ両思想は残念ながらうまく機能しているとは思えない。むしろ機能不全に陥っているのではないだろうか。

　教祖の思想に忠実にあるいはにんげん的に生きていこうとするものもいれば、現実と妥協して都合のいいように変形して取り込んでいくものもあり、さまざまである。

　にんげんは互いに独立するこの思想と現実の生活という事象の狭間で揺れ動いて生きていかなければならない。

　教祖の名前を口に出しさえすればそれで済むという問題ではない。そこから格闘が始まる。格闘するかしないかは各人に委ねられているが、その狭間でいかに生きていくかによってそれぞれさまざまな生き方が立ち表れてくる。

狭間に生きた人としてわたしが思い浮かべるのは次の人たちである。
　ゴータマやイエスはその最たる人といえよう。そして親鸞、コルベ、高木顕明、大石誠之助、田中正造、矢部喜好、明石順三、北御門二郎、椎名麟三、高橋和己などが頭をかすめる。これら以外にもわたしの思いも及ばぬおびただしい人たちがそれぞれの狭間を生きていったのであろう。

　そしてその狭間でお前さんはどういう生き方をするのか、してきたのかと問われている。見通せたといって澄ましているわけにはいかない。わたしに与えられた狭間をどう生きたかについて触れておきたい。

　少年時代に父から言われた「お前も赤旗が来て戦争に行かねばならない」という言葉を真に受けて愚かにもどうするかと考え続けてきて、学生時代にやっと行かないと決めたおかしな内心の軌跡はずっとわたしのなかに生きている。
　そして学生時代から自分をごまかさずに生きていきたい、できるだけ自分の気持ちに正直に生きたい、他者に指図されたくないと思ってきた。また環状線での白い服を着た傷痍軍人のことも忘れられない。
　学生時代の日韓条約問題や日米安保条約、その後のベトナム戦争についてはその時のわたしにはやや遠いように思われた。

　福井県三国町にいたときは福井臨海工業地帯造成、火力発電所建設、アルミ精錬工場建設に対して「公害から三国町を守る会」なる会に所属しその事務局長として反対運動をした。しかし反対運動によってではなく経済情勢の悪化によりアルミ精錬は中止になり、見とれるほど美しかった三里浜をつぶして造成した工場用地には誘致しようとした大企業

の姿はなく、昔日を夢見た工業港も釣り堀と化している。これが県民所得の向上と称して 600 億円といわれる県費を使った結果であった。このときに地元の人や各地で活動する多くの人たちと知り合うことになった。

　埼玉にいたときは三里塚空港建設反対の運動に側面からであるが協力した。

　また熊本出身の創価大学の池田貞雄教授（1998 年歿）と一緒に始めて、大阪に帰ってから本格化したのが熊本水俣病の研究それに患者支援である。当時は大阪高裁で争われていた裁判で患者原告側の弁護士らといろいろ議論し、とくに原告側証人として出廷した岡山大学医学部の津田敏秀講師（現在岡山大学大学院環境学研究科教授）の疫学理論の導入に側面から協力し、ことあるごとに関係する人に説明した。

　また自分自身の論文として、熊本大学の原田正純助教授（後に熊本学院大学教授、2012 年歿）の協力をえて、熊本水俣病認定審査会の判断結果のデータを使わせていただき、国が定めるいくつかの症状を組み合わせた認定基準に従えば認定さるべき数に比べて認定審査会の審査によって水俣病と認定される数が大幅に少ないことを統計的に証明した。日本衛生学会誌に掲載されたこの論文は原告側書証として裁判所に提出された。大阪高裁の判決は津田先生の疫学理論を認める形になり「水俣地域に居住して魚介類を摂食し四肢末端の感覚障害をもつこと」が認められれば水俣病と認定される条件とされ、原告勝訴になった。結局国が定めた認定基準すら認めなかったことになる。ここでもこれまでにもましていろんな分野の多くのかたと知り合うこととなった。

　1993 年から 2013 年まで教団大阪教区の「教会と天皇制を考える」委員会に所属し、この委員会の活動を通して、戦時中のキリスト教、仏教の挙動がよく分るようになった。宗教というより宗教の名を借りた国家

の下部組織であり、御用宗教としての役割を十分に果たした。これがこの国の宗教、ひいては民衆の姿だと知った。現在もその体質は変わっていない。ただこの委員会活動を通してキリスト教、仏教関係のかたがたと知り合うことになり、キリスト教や仏教についての理解を深めることができた。

　朝鮮という問題に気付いて韓国語を勉強するようになり韓国へも行き、秀吉の出兵、近代日本の侵略の跡を3回に分けて辿った。
　神戸青年学生センターが主宰する韓国済州島訪問の旅に参加した。済州島は戦後にアメリカと中国・ソ連がからんだ国際情勢の中で朝鮮半島が北と南に分断され南だけの選挙が実施されようとしたときに、これに反対した人びとに、半島から島へ暴力的な圧力がかかり殺戮が開始されたため島から日本に逃れるという事態が生じ、多くの済州島住民が鶴橋に移住したそうである。
　このあたりの事情は金石範や金時鐘などの著書に詳しく記されているが、石範の『故国行』などは涙なしでは読めない。

　神戸青年学生センターが主宰する中国の南京への旅行に参加し、南京城、虐殺記念館を見学し、さらに戦略爆撃のはしりとされる日本の海軍飛行機による空爆を受けた重慶へも行った。この爆撃の様子を長江に停泊していたアメリカ海軍の艦船から見ていた米軍がヨーロッパの石造ではないアジアの木造の家屋には焼夷弾が有効であると学び、その後の日本本土の空襲に生かしたそうだ。

　この70年の間この国が戦争にかかわらなかったのは何にも増して良いことであった。それまで戦争は傭兵がやっていたものを、ナポレオン以来国家が国民を国の兵士として無数に安価に戦場に送り込むことがで

きるようになり、それ以降の戦争は兵士同士はなんの恨みもないのに国家間の戦争の為に戦場に駆り出され傭兵のときにはなかった徹底的な殺戮が起こるようになり、戦争の質が変わってしまった。

長期にわたって当事者としてではなくカンパとして送金したり機関誌をとったりしたが、70歳で定年を迎えて西山神父へのものを除いて順次停止していった。

水俣病相思社、九条の会、教会関係、従軍慰安婦関係、韓国兵の靖国神社合祀拒否の会、日の丸・君が代問題で関東や関西で教育委員会からの処分が起こるようになり、その処分撤回の活動などにカンパを送った。

権力側はわれわれから徴収した税金を使ってやってくるが、こちらは身銭を切ってやるしかないからたまったものではない。

最近、坂本龍馬が殺された京都伏見の寺田屋を訪れる機会があり、石に彫られた龍馬による碑文があることを教えられ読んでみると「世の人はわれを何とも言わばいえ、わがなすことは我のみぞしる」と記されていた。そのあくる朝に目覚めてふとわたしに天皇制委員会の委員、教師試験の受験を勧めた今は亡き教師から「宮井さんは右手のしていることを左手に知らせない人だ」と言われてそのときは何のことかと思っただけで、その意味を考えもせずにきたが、龍馬の言葉で記憶が甦りつながった。そういうことかと思って調べると、右手と左手の話はマタイによる福音書の6章にあり、他人に見てもらうために善行をするのは偽善者だといった趣旨であり、史的イエスに拘りマタイの格言らしきところはすっ飛ばしていて深く考えもしなかった箇所だった。

振り返るとなんといろんなことに首をつっこんで格闘してきたことかと思う。そういうことで狭間に生きたことになるかどうかは分らないが、

そのときどきにこれが最善だと思う道を歩いてきたのだからそれで自分
自身納得するしかない。

あとがき

　20歳から70歳までのキリスト教との付き合いがどうであったのか、その理解がどのように変遷してきたのか、それに仏教との出会いからその暗い森を手さぐりで彷徨い歩いて、そこからどのように抜け出したのか、これら二つの宗教を見通すまでのことがらを時間の経過に沿って記した。

　キリスト教、ユダヤ教、イスラム教、仏教、ヒンドゥ教について触れたが、儒教の中国、韓国は別にして、わたしの知る限り他国の人はそれぞれの国の宗教を考え方にせよ習慣にせよ身につけて生きているように思う。しかし日本では寺社は整えられ、折に触れて参拝する人も多く、宗教的な国民とされているが、他国に比べて、それほどの信仰心はなく、あるのは期待もしていない御利益だけのように思う。そういう意味では宗教性は薄く、真っ白もしくは透明に近いように感じる。でもそのほうが正常だとも思える。

　2013年11月7日のちょうどわたしの70歳の誕生日に熊本学園大学でオムニバス授業の「水俣学」の1コマを講義することになった。その講義の後の質問の時間にある中年の男性から「仏教やキリスト教について見通せるようになったと話されたが、そういうことは可能でしょうか」と質問され、躊躇することなく「できますよ」と答えたことを覚えている。

　わたしの20歳のころからのアプローチを辿れば誰でもキリスト教や仏教について見通すことができることにつながるのではないかと思う。ただ、「生きる意味はないのではないか」という内からの問いかけの声

の存在が必要かもしれない。

　藤沢周平の作品に『三谷清左衛門残日録』というのがあり、そのカバーの宣伝文に「日残りて昏るるに未だ遠し」とあるが、定年を経験した人の心情を実にうまく言い表していて絶品といっていい。すでに黄昏れてはいるが、日没にはまだ少し時がある。その時を大切に心して生きていこう、そう思わずにはいられない。

資　料

[資料1] イエス理解についての覚書

姫路獨協大学一般教育部紀要　第7巻第1号（1996年3月）
宮井　正彌　「イエス理解についての覚書」

1　まえがき

イエスをどうとらえるかは旧くて新しい問題である。イエス没後、原始教団以降イエスのとらえかたは徐々に固定され、いつしかイエスとは誰かということを問題にすることや研究の対象にすること、また口にすることすらはばかれるようになり、不幸な暗黒の時代が続いたが、ようやくイエスについての研究や議論が公表される幸運な時代になった（ブレーデ、ローマイヤー）。そうした流れのなかで木田によって新約聖書のなかでイエスをして罵倒させているユダヤ人、ユダヤ教に対する認識を新たにした（木田）。また岩井により「聖書は決断的に読まなければならないものである」という、これまであまり耳慣れない表現との出会いがあった。この「決断的に」というのはブルトマンによって導入された「非神話化論」にもとづく考え方で、聖書は一度それを学びそしてそれを守りさえすれば、必ず救いに導かれるというようなものではなく、その内容の理解は状況によってゆらいでいるものであり、不変ということはありえず、その時・そのところでその人の存在を賭けて読まなければならない、そしてそのように読むように聖書は要求しているということであった（岩井）。

これらによってようやくこれまで追い求めていたイエスに出会うことができたが、それは学生時代に抱いたイメージとさほど変わりはない。すでに若いときに自分なりのイエスのイメージを作り上げ、これまではそのイメージを確認するための時間であったということであろう。

自分のイメージを同じ趣旨の主張の人と呼応あるいはそういう人を求めてきたにすぎないともいえる。そしてそれらはたとい少数者であってもことイエス理解に関しては本物だとわかるのである。なぜならそこでは理屈抜きのその人自身が立ち現れざるをえないからである。

旧約、死海写本そして新約にかかわる文献から本来のイエス像を指し示していると考えられる文脈を引用し、これらを自分のイエス像に統合した。しかし

これらはイエス理解という点では我が国においてもすでに一部のキリスト教関係者では周知の事柄でありさして新しい知見をもたらすものではないが、社会的にあるいは通常の教会においても必ずしも常識とされる見方ではない。また新しいからといってもそれがいつの時代にも妥当するという保証はない。しかし少なくとも聖書（新約を含め）は神と人間との間にかわされたはげしい葛藤や対話の物語、血と汗と涙にまみれた書物であり、聖書から安心感や心の安らぎだけを求めるといったことはお門違いである。

2 旧約（ユダヤ教）のイエス像

1990 年の大阪天満教会での木田の講演によって、従来から教会で言い伝えられてきた、ユダヤ人というのはパリサイ人に代表されるようにその規範を守ることだけにこだわり、律法本来のよってきたる意味合いを忘れ果て、イエスの真意を理解せずイエスに従わないどころか彼を殺してしまったとんでもない人種であり、だから彼らが聖典とし彼らの歴史を記してきた旧約聖書は新約聖書に較べ深く学ぶ対象ではない、という桎梏から解き放たれた（木田）。木田によれば、ユダヤ人の神ヤハウエが旧約聖書を通して繰り返し彼らに語り続けていることは、神の前でこそはじめて可能とされている人間の自由であり、人間は神の前においてはじめて平等に生きることが保障され、そこにおいて基本的人権が成り立っているということであった。

これまではユダヤ教側からキリスト教、新約聖書の研究がされることは皆無であり、問題にされなかったが、ヘブライ大学を中心にユダヤ教の立場からキリスト教ならびにイエスについての研究がなされ始めた。フルッサルとショーレムが端緒を開く著書を公にした。そこで述べられているイエスにかかわる部分は以下に要約される（フルッサル、ショーレム）。

1) 新約聖書で語られているイエスの言葉やパウロの言葉はほとんど当時のユダヤ教で説明されるものであり、またイエスはこのユダヤ教の思想を体現しようとしたに他ならない。

2) 初代キリスト教文書には、第二神殿時代のユダヤ教のさまざまな考えや、信仰、思想、思潮が反映している。これらの文書にはハハミーム（ユダヤ教を形作ったラビたちの総称）の世界観をよく表しており、ユダヤ教のメシアに対

資料1

する信仰と贖いの願いがよく表れている。

3) イエスはユダヤ的な枠内で考察されねばならない。イエスはユダヤ人だけに向かって伝道した真のユダヤ人であった。イエスは戒律を守ることに厳密をきわめた。イエスとオーソドックス（伝統的な）なユダヤ教とは何らの差異もない。イエスは自分自身の特別な教えを一つもここに持ち込んではいない。

4) イエスはハスィディーム（敬虔の意：律法への全く献身と厳格な宗教生活を追求した。パリサイ派やエッセネ派はここから生まれた。）の世界にも近かったし、まさしくその一人あった。彼らは聖書の勉強に最高の価値があると見なす考えに厳しい反発を感じ、むしろ行為の重要性を強調した。

5) ハスィディームの人びとは超自然的な行為も引き起こせると見られていた。一方で彼らは民のすべての階層と付き合う姿勢も兼ね備えていた。社会からのけ者にされていた取税人に対しても肯定的な関係を示している。

6) パウロの入信に関する証言はまさしく、古いユダヤ人のテキストと神秘主義者らの秘儀（グノーシス）とを結ぶ継ぎ目である。そして後には、パウロの言葉のユダヤ的背景を自覚しない教父たちの伝承が、パウロの言葉を読み込み過ぎて奇妙な解釈や物語を生むのである。それらはパウロの言葉とは何の関わりもないものである。

また坂口はラビ文献と共観福音書にでてくるイエスの譬え話との平行記事を36箇所にわたって説明している。同じ意味で使われている場合もあるし全く違った（間違った）意味で使われている場合もあるが、イエスは当時のユダヤ教文化が深くかかわっていたと考えるのが自然であるとしている（坂口）。

さらにラングはイスラエルにおける唯一神教の誕生を振り返り、唯一神の歴史は旧約聖書に書かれているほどには古くはなく、エジプト、バビロン、パレスティナそして地中海地方にまします多神との共存と闘いの歴史であったとしている。このあたりの状況はイエスとは直接関係はないが、しかしユダヤ教ひいてはイエスを理解するのには必須の事柄である（ラング）。

1) イスラエル最古の宗教は、古代オリエントの他の民族のそれと同じく、多神教的である。つまり、人々は多神教の男伸、女神を礼拝していた。

141

2）アブラハム、イサク、ヤコブの族長たちも、モーセも、唯一神教もしくは唯一神教に類似の宗教の代表者とみなすことはできない。聖書の唯一神信仰は古代エジプトの信仰心の流れから生じたという見解は受け入れられない。

3）イスラエルの王国時代、とりわけ前8世紀以降、あるグループのなかに、古代イスラエルの国家神ヤハウエのみを、他の神々の世界を無視して、礼拝すべきだと言う主張があった。

4）バビロン捕囚時代（前6世紀）になって初めてすべての異教の神々の存在を否定することによって、ヤハウエのみ礼拝が唯一神教へと進展した。王国時代のイスラエルにとって代わった国家のないユダヤ教の成立と同時に、非寛容な唯一神信仰が世界史のなかに進出した。それ以後今日に至るまで、ほとんど変わることなくこれは西方の大宗教の信仰告白を規定している。

5）唯一の神まで上昇したヤハウエは、それ以後もはや自己の名称はなく、ただ神もしくは「主（アドナイ）」と呼ばれるが、無特性の普遍神とはならなかった。この唯一神もまた、イスラエルの歴史をもち、ユダヤ的性格を保つのである。

　このように、イエスをユダヤ教の範疇にとらえ直そうとする試みはようやく始まったばかりであるが、ユダヤ教の立場から見れば、イエスは取り立ててユダヤ教から逸脱した言動をしたわけではないということになる。これらはイエスを理解するうえでは重要なものであり、今後つっこんだ研究やユダヤとキリスト教の対話が期待される。

3　死海写本とイエス像

　第2次世界大戦中に死海の北西端のクムランの洞窟でひとりの羊飼いの少年によって偶然発見された写本は発見後数奇な運命を辿りながらやがてキリスト教の謎を解くおおきな手がかりを与えるということが分かり、今世紀最大の発見とされている。キリスト教の正統・本流を主張するカトリックによって、写本の解明はわざと遅らされているという指摘もあるが、それでもこの写本の発見によってキリスト教の起源についての研究の幅はますます多様になったとされている。

エッセネ派は都市のユダヤ教はすでに形骸化し、堕落しもはや信ずるに足る
ものではないとして、人影のない場所に自分たちだけの集団を形成した。入会
には一定の規定があり、それまでの個人財産を処分し、1年間は見習いとされ、
教団生活を送ることが確かめられてから正式の入会式が行われる。これが今日
のキリスト教の入会の洗礼の原型ともいわれる。この宗派においては毎日一定
の労働の後に夕食には身を清める沐浴が行われた。このエッセネ派集団は後の
修道院の原型ではないかとされている。

このエッセネ派クムラン教団の「義の教師」といわれる指導者はエルサレム
のサドカイ派の祭司に殺され、第二イザヤにおいてバビロン期間後の神殿復興
の全責任を負って殺された「苦難の僕」と同様、キリスト教側から、イエスの
モデルではないかという見方もなされた。

ブラックは死海写本とキリスト教の起源との関係について以下のように報告
している（ブラック）。

1）エッセネ宗団の最も注目すべき点は単にこの奇妙なユダヤ教の一種があ
くまでも旧習を固守して数世紀間も存続したことにとどまらない。むしろこの
ような形のユダヤ教の敬虔な禁欲主義が、キリスト教の始まる直前および直後
の数世紀間に著しく発達したという点である。おそらく総数一万人近くになっ
ていたと考えられるこの祭司的禁欲修道主義の理想は、現世からの〈アパルト
ヘイト〉に関する詳細をきわめた指示によって守られ確保されている（特に祓
い清めの儀式をくりかえすことによって）一世紀のユダヤ教の中に強い勢力を
占めていたと結論せざるをえない。

2）キリスト教運動の最古の根源は確実にガリラヤおよびその北部であった。
それらの源流の一つは、献身したナジル人（聖別された人の意：神に献身した
誓願者。サムソンやサムエルがいた。）の一団から発したのであろう。すなわ
ち終身のナジル人という古代のイスラエルの制度をうけついた一派である。

3）クムランに置ける独自な点は洗礼儀式が悔い改め運動、また新しい契約
（エレミヤとエゼキエル）と、新契約のイスラエル（この分派自身）の運動と
の関連で実践され、来るべき神の審判の準備としていたことである。この点は
新約聖書の宗教の道を備えるものとして注目される。

4）クムランの聖宴はパンとぶどう酒からなり、これは聖餐の起源とされる

可能性をもつ。

　5）「感謝の詩編」の中にはほとんど福音主義的敬虔ともいえる調子がくり返し謳われている。これはパウロの〈信仰による義認〉ときわめて近い教理である。

　6）　クムランの黙示文学は二元論的世界を予想している。光と闇の世、真理の霊と偽りの霊などそれは最後の「神の訪れ」あるいは「審判」を待望していた。堕落以前の無原罪の状態にかえることであり、ふたたび永遠の生命を享受し、罪と死とにもはや悩まなくなると考えられていた。そして新しいエルサレムにおける神殿の回復が、彼らの期待の中心であった。

　このように少なくともイエスが出現するころのイスラエルには、サドカイ、パリサイ、エッセネ以外にもユダヤ教のさまざまな形の宗派、宗団が存在していたと考えられる。

4　新約のイエス像

　イエスというのはイエースースというギリシャ語からきたもので、ヘブライ語ではイエシュアーというユダヤ人なら当時はどこにでもいるような平凡な名前である。いわゆる名字はなく、ナザレのイエスか、マリアの子イエスであった。日本流にいえば、「河内村の朝吉さん」のようなものである。イエスはあくまでユダヤ人であり、当然ユダヤ教徒であった。すなわち彼自身にはキリスト教というものなど知る由もなかったはずだし、キリスト教を起こそうなどという意識はなかったと考えるほうが自然である。キリストというのはヘブライ語でのメシーアつまり救い主という意味のギリシャ語クリストスからきた言葉である。このイエスとキリストがどこでどのようにつながっていったかが問題であり、この論争は原始キリスト教団から教父時代へと受け継がれていった。

　イエスを信じ、洗礼を受け、教会に連なる者は救われてあり、そうでない者は罪のなかにあり、だから救われた者はそうでない者たちのために祈り、宣教の手、救いの手をのばさなくてはならない、という発想のなかにはイエスはいない。それこそイエスが罵倒した悪しき意味でのパリサイ主義である。キリスト教のみが正しく真理であり無誤謬であり、それ以外の者は誤りであるという

のは独善としか言いようがない。こうした考え方がこれまでの世界の歴史をどれだけ血生臭いものにしてきたことか。これもイエスの思想とは関係ないものであろう。

イエスはユダ王国がバビロニアに破れその捕囚となり、その後ギリシャ、ローマといった大国に蹂躙され、人権を奪われ、政治的・経済的・宗教的に出口のない日々を強いられ、そして滅亡していこうとしていることをひとりのユダヤ人として心から苦しんだまぎれもない人間であった。その意味でイエスは正真正銘のユダヤ人でありユダヤ教徒であった。

旧約を学ぶに従ってこうしたユダヤ人の苦しみや焦燥を感じとるようになった。つまり過去と現在との境がなくなり、今が 2000 年前であり、2000 年前が今となった。イスラエルを旅してキリスト教はヨーロッパ風のそれを学んでいるだけでは窺い知れないものがあると感じた。当時のユダヤ人が置かれていた状況を抜きにしてはイエスは語れない。ただ彼は多くのユダヤ人が罪人して軽蔑し敬遠した病人や貧乏人、そして女性、こどもと積極的に付き合ったということが明らかになっている。当時のユダヤの常識を破り大きく越えているという説もある。しかし当時のユダヤ教の一派にそのようなことをした派がいたことも報告されている（フルッサル、ショーレム）。またイスラエルの聖なる神ヤハウエを「おとう、とっつあん」と呼んだ派もすでに存在したらしい。なにもイエスが初めてだったわけではない。であるのにその後の教会はこのイエスの本質を矮小化し閉じ込め固定化し教条化してきたといえよう。

そしてキリスト教といえば、小市民的でそしてどこか罪深げで、おとなしい、堅い、といったイメージでとらえられるようになってしまった。イエスが対峙したはずの権威・権力に対しいつのまにかこれを補完する勢力となり、社会的弱者を切り捨てつつ、自らがその原因であることを意識せぬままあるいは意識的にそうしたみずからの存在を悔い祈るというアナクロ、ペシミズムの世界に生きるようになってしまった。

モールはその著書のなかで、新約聖書が歴史的所産であることを無視し、固定化し、その神学思想を教条化しようと試みるものは、神の前にその怠情を恥じなければならない、と述べている（モール）。

渡辺は日本基督教団の牧師としてこの国における宣教についてさなざまな試みを展開しているが、宣教について以下のように述べている（渡辺）。

　1）聖書の信仰は本来歴史の主への信仰であった。そもそも「歴史」という意識、すなわち、この世界の時間的流れが、一定の目的と方向をもって進んでいるものだという考え方自体が、聖書の信仰と深くかかわってくるものであって、時間を無限の円環と見る仏教思想やギリシャ思想と根本的に異なる点である。

　2）聖書の人びとは、世俗史と救済史を切り離し、信仰を後者に限定するという、器用な使い分けをしていない。彼らは世俗史のただ中に救済史を、すなわち歴史の主の隠れた指を見たのであり、したがって世俗史のただ中で、歴史の主の問いかけに応答していったである。

　3）聖書の教会は、正統と反正統との激しい対立の中にこそ、みずみずしい命をたたえていたのであり、新約文書の多くはむしろ異端者の側の主張を記録しているのである。

　4）パウロにおいてキリストにならうとは、実際の活動においては、ユダヤ主義に固まりつつあった教会的伝統に対して、果敢な闘いを挑み、律法から自由な福音を確立することであった。それは選民意識に安住するユダヤ主義に枠づけられた教会の活動にあり方をも変革し、「異邦人伝道」と呼ばれた広い領域に、キリスト者の意識と行動とを開放することであり、最初の宗教改革とも言うべき闘いを貫徹することであった。

　5）パウロの弟子たちでさえ、彼の諸モチーフを宇宙論的構図の中にはめ込んで変質させたり、ばらばらにしてほかのモチーフと混合したり、彼の主張の牙を抜いて教化的にやわらげたりしている。そして最後にルカによって、その救済史的ドラマの第二幕で主役を割り振られているのと引き換えに、聖人伝説というコスチュームを着せられた上、パウロがあれほど執拗に要求した「使徒」という呼称は剥奪され、彼の神学の問題性は完全に取り去られている。こうして、彼は、初期カトリシズムの正統主義の中へ、本来の彼ではない姿に位置づけられた。それ以来、教会的正統主義はさまざまな形で、パウロを自分の檻に飼いならそうとしてきたのである。こうしてイエスへの随従は教会（制

度）への随従に置き換えられてしまった。

6）『聖書のみ』の原理は宗教改革においては、世俗権力と癒着したカトリック的教権体制に対する抵抗の原理だった。今日のプロテスタントがこのことを見失って、現代社会の体制の一部と化した教会体制を形式的に権威づけるために、聖書の形式的権威を絶対化する正典論を楯にとるならば、その正典の内容そのものによって裁かれることになろう。

新井は聖書入門の彼の著書で以下のようにブルトマンの非神話化論について説明している（新井）。

福音書は歴史的事実ではない。新約聖書の世界の見方と救いの出来事は、すべての神話的見方である。しかし新約聖書の中の神話的要素を捨て去ることはできない。記者たちはキリストの真理を神話的にしか表現できなかったからである。問題はそのメッセージの解釈のしかたでる。ブルトマンはその方法を「非神話化」として紹介した。

聖書を読むということは、現在の私に対する決断を迫るものとして、私が生き方をどう決めるかに問いかけている言葉として受け取ることである。十字架と復活というシンボルは死んで蘇ったとするイエスの人格が今生きている人間への問題として提起されているということである

ブルトマンはこうした聖書の解釈を「実存論的解釈」と読んでいる。真理というものは何か決まったものがあって、それを学んで受け取ればよしとするようなものではなく、自己が生きていくことに矛盾や渇きを覚えて、今の自分を打ち破ろうとすることが「実存」に目覚めることである。そこに「罪の悔い改め」がある。これは他人に代わってもらえることでもなければ、みんなと一緒に仲良くということでない。「狭い門から入れ」とはそういうことである。

青野はイエスの入門書の中でイエス理解の仕方について以下のように述べている（青野）。

1）聖書のなかには必ずしもイエスの思想を適切に継承しているとは言い難い文言（日本語）もかなりあり、それは時代が下がるにつれて顕著になる。「すべて外から人のなかに入って、人を汚し得るものはない。かえって、人の

なかから出てくるものが、人を汚すのである。マルコ7-15」

「すべて、外から人のなかに入ってくるものは、人を汚し得ないことが、わからないのか。それは人の心の中に入るのではなく、腹の中に入り、そして、外に出て行くだけである。マルコ7-18・19」

　この外ということばはギリシャ語ではアフェドローナであり、これは便所である。「外」という意味などない。イエスのことばに便所などということばが出てくることに現代日本語訳者が違和感をもったためである。ちなみに文語訳では「腹に入りて厠におつるなり」と正しく訳出している。

　2）「ぶどう園の日雇い労働者」の譬えは、福音と律法との関係を示している。福音が律法に先行しているのであって、律法が満たされたときに初めて福音が与えられるというのでは決してない。神の国の福音が先行しているのであり、それゆえに悔い改めるのである。悔い改めをしたから、罪が許される、というのではなく、罪が許されているからこそ悔い改めるのである。だから1時間しか働かなかったのに1日分の賃金を与えられた労働者は明日からはもっと働こうと思わないだろうか。イエスの語った神の無条件で徹底的なゆるしの宣言は、その対象となっている人間が許されるべき存在であること、否、許されなければ存在しえない存在であること、すなわち罪深く、誤りに満ちた存在であることを前提としているからであり、そうだとすれば、そのような人間が生み出した聖書が、何の誤りも含んでいない絶対無謬の文書であるはずはない。

　3）教会では「私は聖書に書いていることは素直にそのまま信じています」という人に出会う。しかし聖書を真剣に読んだならば、どう理解したらいいかわからないような矛盾や齟齬が至るところに見いだされる。古代の神話や世界観をそのまま信じなければならないからであり、そしてそれが信仰だというならそれは人間の理性や知性に対する暴力にほかならない。「あなたがたは行って、すべての国民を弟子として、父と子と精霊の名によって、彼らにバプテスマを施し、マタイ28-19」での「父と子と精霊の名によって」というのは礼拝での儀式文であり、また洗礼を施せ、というような思想はキリスト教が成立したのちの教会用語であることは疑問の余地がなく、イエスがそのようなことを言うわけはない。

　4）つまり、聖書には誤りはなく、矛盾のように見えてもきちんと調和され

るものだという答えがあらかじめわかっているような仕方で、聖書を読むわけにはいかない。絶対的な基準は、人は絶対的にはなれない、ということにある。神のみがもつ絶対性は、それを手中にしたと強弁する者においてではなく、あくまでも相対的な存在にとどまり続ける者において初めて、おぼろげながらかもしれないが、明らかになるだろう。

5）復活者イエスを目に見える形で描いたところで意味はない。むしろ、生前のイエスの生とことばに注目し、そしてそのイエスが読者の心のなかに生き生きと生きはじめるそのときにこそ、イエスは復活したのだと、マルコは語っているのではないか。死者の復活の問題については、有限な人間には具体的で確定的なことは何一つ言えない。生きているにしても死んでいるにしても創造主なる神はつねに人間とともにいてくれるのだ、というくらいであろう。

6）聖書批判はいけないという者は、まさに神の名において、自らの解釈を絶対化しているのである。神に対する熱心さのなかにこそ、実は神に反逆していく危険が潜んでいるといえよう。

　バートンは、福音書のなかのイエス語録でQ資料だとされる部分を取り出して、イエスは犬儒派ではなかったのではないかという仮設を立ててイエスの生涯を展開している（バートン）。しかしこれには異論がある（加藤）。

　スウィードラーはマスコミ記者らしく分かりやすい書き方でイエスについて以下のように記している（スウィードラー）。同様の書がカーペンターによって著されている（カーペンター）。

1）キリスト教徒にとって原初的事実とは、とくに歴史上の人物であるナザレのイエシュア、彼の時代に至るまで発展してきて彼によって独自な解釈を与えられたヘブライ的＝ユダヤ教的伝統に完全に立脚していたあのユダヤ人である。

2）Qの分析者によると、「最初期のキリスト教徒と思われる人々に反映しているイエシュアの理解はパウロのキリスト理解とはほとんどまったく異なり、Qのキリスト教理解はキリスト教自身の始まりの者を考え直すことをわれわれに要求するものである」、また「Qにおいて宣教者イエシュアは宣教される者（キリスト）となることなく、宣教者としてとどまっている」、そして「これこ

そがＱの救いの道理解の核心である」、また「イエス自身はまさしく救いの手段であるが、それは彼の贖罪の死―Ｑでは贖罪の死はどこにも言及されていない―によってではなく、むしろ彼が神の支配を啓示し、神の国に与える道を示したことによってである」、ということになる。

　3）異邦人にとってはイエシュアは唯一の神を認識し、神の意図、神の律法によって生きる生き方を認識する入り口となった。しかしユダヤ人にとっては、「われわれはすでに神を知っている。イエスならいいが、メシアやキリストは必要ない」ということになる。

　4）イエシュアと最初の弟子たちの言行をユダヤ教的理解とは違った方向に解釈しようとしたキリスト教徒は、明らかにイエシュアとキリスト教創始者からそれていった。

　5）ユダヤ人はメシアが神的存在あるとは考えなかった（それにユダヤ人以外に誰がメシアなどということを考えただろうか）。ユダヤ人はメシアを神の子と呼んだが、これは存在論的な意味においてではなく、非存在論的、隠喩的な意味で理解した。イエシュアとその最初のユダヤ人弟子達が使用した非存在論的な言葉に存在論的な意味を注ぎ込むのは、まさに読み取りではなく読み込みを行うことである。

　6）ユダヤ人は存在論的よりむしろ価値観の問題、存在ではなく行為についての問題を問う傾向があった。「永遠の命を得るために私は何をしなければならないか」、であって、「永遠の命を得るためには私は何であり、どう考えねばならないか」、ではなかった。

　7）ユダヤ教徒にとって「神の子」というのは、善良なユダヤ人、あるいはカリスマ性のある聖なるユダヤ教徒、あるいはイスラエルの王のことであった。イエス・キリストはユダヤ人パウロ、ユダヤ人読者にとっては明らかに「第二のアダム」であり、先住する三位一体の第二の位格（子なる神）ではない。

　8）何百年にわたり、神は預言者を通してイスラエルに語ってきた。神についてのユダヤ人の経験はすべて、人間と関連をもつために語り、自己を表現し、自分を提示する神であった。だからはじめから神は言葉とあった。

　9）ソクラテスの霊魂が不死を達成しようと、ゴータマが涅槃に至ろうと、イエシュアが死者の中から肉体的に甦ろうと、それは最も基本的な点ではない。

各主張の基本的な点は、人はいかにして本来的で充足された人間的生、欠けるところのない聖なる人生を生きるべきかについての顕著な生きたモデルとしてこれらを引き合いに出しているところにある。それが不滅であろうと解脱、復活であろうともである。

10）イエシュアはトーラーの全体がその精神に従って実行されるべきだと教えることで満足しなかった。彼はそれを超えて友人、隣人、敵にさえも自己を無にする愛をもつという理想を抱き続けた。イエスにとってトーラー全体をその精神によって生きる（死ぬ）ことによって彼はトーラーの源であるヤハウエに向かって開かれ、そしてそれを示す生を考え、教え、行ったのである。このようにトーラーを実行しさらにこれを超える自己無化の愛を生きる生を教えまた生きることにおいて、イエシュアは特異で驚くべき生涯を送った。このような生涯は彼の信者たちがそれまで経験しなかったものであるが、この点で彼は正真正銘ユダヤ教的であった。

11）神の姿としてのキリストが現代感覚に合わず、現代の人間の苦境が必要とする緊急事にも答えを与えないように見えるこの時代にこそ、癒し手であり教師であり救い主であるイエスが長い間の亡命の陰から姿を現し、地上の神に子たちに人間の兄弟愛の理想を現実のものとする可能性を求めることが期待できるのではないか。

5　日本の教会

天皇制を学ぶ勉強会で外谷によってつぎのような報告がなされた（外谷）。

ヨーロッパがその近代国家の母体・モデルとして、それまでキリスト教界がもっていた権力形式・組織を採用した経緯（牧人＝祭司型権力：M. フーコー）をふまえて、伊藤博文らが日本の場合には教会の代わりに現人神を中心にすえた天皇制を導入した。牧人とは、個人の現在および来世に向かっての救済を通して個人を管理する権力形式をいう。教会および天皇制はともに牧人として君臨し、人民を守り救済するという名目・建前のもとに、実は人民を管理・収奪してきたその機能をそれぞれの近代国家に取り込んだ。

同じく桑原によってつぎのような報告がなされた（桑原）。

そうした状況の中で、議論の判断基準尺度になるのはイエスの〝生きざま〟

であろう。当時の権威・権力に縛られず、神のもとで神によって保障され約束された本来自由なる人間として生き、また暗黙のうちにそのように生きることを薦めたと思われるイエスの"生きざま"をである。しかし実際のイエスは変質させられ、教会の中でも体系として逆に人を排除するようになってしまったといえよう。だからキリスト者に限って言えば、聖書をどう読むか、イエスをどうとらえるかにかかってくる。それに従って天皇制のとらえかたに違いが生じてくるのであろう。

　西宮公同教会の中に関西神学塾という講座があり、そこで旧約、新約についての最新の研究にもとづく講義が続けられていて、そこでの基本的な考え方は、今日において正統とされている聖書の読み方から自由になり、本来のイエスの思想に立ち戻りその思想の元での今生きる信仰のあるようをさぐるところにあるといえよう。そこで桑原は以下のように報告している（桑原）。

　正典の神学というのはイエス・キリストの十字架と復活ということにある。福音をその一点にまとめるということになる。正典というのは異端を切り捨て出来上がっていったものであるから、常に中心概念から、現実を切ってしまうという思想構造がある。そういう思想構造でできた共同体というのはヒエラルキーの共同体になっていくし、そのためにそれを維持していく職制というものが必要になるし、正統的聖書解釈が必要だし、それにのせた祭儀、礼典が必要になってくる。そういうヒエラルキーそのものの思想構造が天皇制という国家原理に吸収されていくという性格を必然的にもつことになり、日本のキリスト教が国家に抵抗できなかったという根本的な要因があろう。いわば教会は天皇制に拘束されかつこれを補完する共同性をもつ。2000年かかって形成されてきたものだから、用意にすっきりさせるというわけにはいかない。すっきりさせようと思ったらキリスト教を脱出する以外にないが、脱出してもキリスト教はなくならないから、内側からこつこつやるしか道はない。

　佐藤は高校生向けの彼の著書で、今日のキリスト教のあり方について示唆を与えている（佐藤）。すなわち、今日にいたる日本のキリスト教界全体のイメージは、小市民的、紳士的、健全、善良、勤勉といった言葉で表現できるのではないだろうか。われわれ日本人の多くは、欧米的なものを規範とするあまり、

近隣のアジア世界を軽視あるいは蔑視してこなかっただろうか。そして、戦後の日本も、アジアの人びとの命を犠牲にし、その生活を破壊することで経済発展をとげたことに気付かず、それによって保障された小市民的な安定した生活のなかで文化や内面世界について語ってこなかっただろうか。もし、日本のキリスト教界がそうであったとすれば、それは、他人を泥靴で踏みつけながら、神への祈りを捧げ、愛を語っていることにほかならない。

6 あとがき

　若いころから「イエスならどう言ったか、どう行動したか」をいつも問い続け、納得のいくイエス像を求めて来た。あるいはそれはすでにある自分のイエス像の確認・検証の歴史ともいえよう。そしてようやく一定の解を見いだすことができた。もちろんそれはあれこれと一言で表現しうるものではないが、あえて言えば、自己絶対化、信仰絶対化、聖書絶対化から自由になる、ということになる。かつてはイエスあるいは聖書を研究の対象にすることすら異端視される時期があったが、ようやく我が国でも小さくはあるが市民権を得つつある。

　神学的・神秘的・終末論的・贖罪的なイエスから最古の伝承の層まで下がり、それ以外のものはその後の書き足したもの、付け足したものとして取り除いていき、歴史的なイエスへとたどり着いたとしても、それは決して神学的・贖罪的なイエスを否定するものではない。しかし護教的神学者がそれぞれの糸や思惑の壁のなかに塗込めてしまったその泥壁をひきはがしてイエスをもう一度イエスたらしめなければ、これからも復活したイエスを何度でも十字架にかけて殺し続けることになろう。イエスに貼付けたメシアやキリストといったレッテルや制約を取り去れば、もっと普遍的な世界が開かれるであろう。あくまでイエスが目標ではない。イエスが指し示した世界（X）こそが目標である。イエスは人類の罪を一人で負い、十字架上に死に、そして復活したと信じられる信仰の対象でしかない存在ではない。イエスはそれらをはるかに超えた世界（X）を指し示しているのであり、ありありとそして生き生きと今われわれにその世界に生きるということを要求し命じている（八木、ヒック）。もちろんXに至る道はイエスだけしかないということではない。

　ひとりひとりの人間がこの世の一切の権威・権力から自由になり、命令した

りされたりする関係を脱し、互いに自由に生きるようになれればそれに越した
ことはない。それこそイエスの言った神の国である。そしてその実現はそれほ
ど難しいことではない。ひとひとりがスクルージのように本気でその気になり
実行しさえすればいい。人間の社会は見方を変えれば本当はそんなに複雑でも
難しいものでもない。人間自身が難しくしているだけに過ぎない。

　第3惑星地球号での人類の営みはそう長くはないと思われるが、せめて最後
の瞬間はいがみ合うことなく仲良く肩を組んで最後の歌を歌いたい。地球上に
生命が誕生してから35億年、人類の進化が始まって500万年、世界宗教が誕
生してから2500年がたち、そしてかりに人類の営みがあと300年しかもたな
いとしたら、世界宗教が人類の歴史の最終時期に生まれ、文字通りその終末を
予言したとしても、あながち誤りではない。

　小論を姫路獨協大学人間科学センター主催の1994年12月7日に開かれた研
究会で報告した際に著者自身の信仰はどこにあるかという質問を受けたが、小
論そのものが一つの信仰表現である。

7　文献

旧約関係

1　木田献一、旧約聖書概説、聖文舎、1991年

2　木田献一、旧約聖書の中心、新教出版社、1989年

3　H.W. ヴォルフ（大串元亮訳）、旧約聖書、新教出版社、1991年

4　R. レントルフ（大野恵正訳）、旧約聖書の人間像、日本キリスト教団出版局、
　　1987年

5　A. ジークフリート（鈴木一郎訳）、ユダヤ教の民と宗教、岩波書店、1992年

6　坂口吉弘、ラビの譬えイエスの譬え、日本キリスト教団出版局、1992年

7　B. ラング（荒井章三、辻学訳）、唯一なる神、新教出版社、1994年

8　D. フルッサル・G. ショーレム（手島勲矢訳）、ユダヤ人が見たキリスト教、
　　山本書店、1993年

9　赤司道雄、旧約聖書からイエスへ、大明堂、1990年

10　E. フロム（飯坂良明訳）、ユダヤ教の人間観、河出書房新社、、1987年

資料1

死海写本関係

11　M. バロウズ（新見宏・加納政宏訳）、死海写本、山本書店、1963 年

12　日本聖書学研究所、死海文書、山本書店、1975 年

13　E. ウイルソン（桂田重利訳）、死海写本、みすず書房、1979 年

14　J.M. アレグロ（北沢義弘訳）、死海の書、みすず書房、1957 年

15　M . ペイジェント・R. リー（高尾利数訳）、死海文書の謎、柏書房、1992 年

16　E.M. ラペルーザ（野沢協訳）、死海写本、白水社、1990 年

17　M. ブラック（新見宏訳）、死海写本とキリスト教の起源、山本書店、1984 年

18　B. スイーリング（高尾利数訳）、イエスのミステリー、NHK 出版、1993 年

新約関係

19　Wrede, W., Das Messiasgeheimnis in den Evangelien, zugleich ein Beitrage zum Verstandnis des Markuservangeliums, 3. Aufl., 1963, Gottingen（=2. Aufl. 1913）.

20　Lohmeyer, E., Galilaa und Jerusalem, Gottingen, 1936.

21　 G. コーンフェルト（岸田俊子訳）、歴史のイエス、山本書店、1988 年

22　田川健三、原始キリスト教史の一断面、勁草書房、1986 年

23　高尾利数、イエスの根源志向、新教出版社、1970 年

24　高尾利数、聖書を読み直す I、春秋社、1993 年

25　高尾利数、聖書を読み直す II、春秋社、1993 年

26　B.L. マック（秦剛平訳）、失われた福音書、青土社、1994 年

27　G. ボルンカム（佐竹明訳）、新約聖書、新教出版社、1994 年

28　渡辺英俊、現代の宣教と聖書解釈、新教出版社、1986 年

29　新井智、聖書を読むために、筑摩書房、1974 年

30　L. スィードラー（八木誠一訳）、イエシュアー、新教出版社、1994 年

31　青野太潮、どう読むか聖書、朝日新聞社、1994 年

32　R. ショットルフ・V. シュテーゲマン（大貫隆訳）、ナザレのイエス、日本キリスト教団出版局、1989 年

33　C.F.D. モール（大竹庸悦訳）、新約聖書の誕生、日本キリスト教団出版局、1978 年

34 蛭沼寿雄、新約正典のプロセス、山本書店、1989 年

35 高橋敬基、新約聖書の過去・現在・未来、福音と世界、1993 年 10 月号、p17-26

36 青野太潮、もうひとつの「聖書神学」の展開、福音と世界、1993 年 10 月号 p17-26

37 木田献一、教団 50 年史と聖書神学、雨宮栄一・盛岡巌編、教団 50 年史の諸問題、p42-58、1992 年

38 荒井献、イエスとその時代、岩波書店、1974 年

39 E. ペイゲレス（荒井献・湯本和子訳）、ナグハマディ写本、白水社、1982 年

40 土岐健治、小説「イエスのミステリー」の面白さ、福音と世界、1944 年 10 月（「イエスのミステリー：死海文書で謎を解く」の書評：エッセネ派との関係を極端に取り入れた仮設はとても肯定できるものではない、としている）

41 加藤隆、イエスは「犬儒派の賢者」か？、福音と世界、1994 年 11 月（「失われた福音書」の書評：イエスを犬儒派に限定しうるものではない、としている）

42 関西神学塾、1993 年 12 月講義（桑原重夫・岩井健作）、関西神学宿カレンダー 1993 年 4 月〜 1994 年 3 月号、関西神学塾、1994 年 5 月

43 木田献一、教団 50 年史と聖書神学、雨宮栄一・盛岡巌編、教団 50 年史の諸問題、p42-58、1992 年

44 高橋敬基、新約聖書学の過去・現在・未来、福音と世界、1993 年

45 八木誠一、新約聖書の成立、新教出版、1969 年

46 八木誠一、イエス、清水書院、1981 年

47 八木誠一、イエスと現代、NHK 出版、1977 年

48 J. ヒック（間瀬啓充、渡辺信訳）、もうひとつのキリスト教、1989 年

49 佐藤敏夫、宗教の喪失と回復、日本キリスト教団出版局、1988 年

50 H.G. ペールマン（秋山卓也訳）、ナザレのイエスとは誰か、新教出版社、1986 年

51 H. カーペンター（滝澤陽一訳）、イエス、教文館、1995 年

講演・集会

52　木田謙一、「王の贖罪：創世記3章1-5節」、日本キリスト教団大阪教区
　　「大嘗祭を考える会」、1990年7月15日、天満教会

53　岩井健作、「新約聖書から天皇制を考える」、日本キリスト教団大阪教区
　　「教会と天皇制」を考える特別委員会、天皇制を考える勉強会、1993年10
　　月24日、天満教会

54　外谷悦夫・桑原重夫、日本キリスト教団大阪教区「教会と天皇制」を考え
　　る特別委員会、公開勉強会、「天皇制問題を自由に話し合い学ぶ会」、1994
　　年9月20日、大阪クリスチャンセンター

［資料2］ イスラエル旅行

イスラエル旅行（前著の資料［5］のダイジェスト）

　1989年12月25日から1990年1月6日にかけて大阪クリスチャンセンター
が主宰するイスラエル旅行に参加した。19歳のときからつき合ってきたイエ
スが生まれ育ちその活動の舞台となった土地を見て、長い間考え続けてきたイ
エスについて何か新たな知見が得られることを期待した。

出発

　大阪空港から羽田空港に向かい、羽田からバスで成田空港まで行き、中国民
航機で北京空港へ。北京空港からバスで1時間ほどの燕翔飯店で1泊した

　北京からフランクフルトを経由してテルアビブのベングリオン空港までのこ
の一日は強行軍であった。

イスラエル入り

　ベングリオン空港からタクシーでエイビテーションホテルに着き、寝ること
が出来たのはもう現地時間でも夜の2時頃であった。

イスラエルの旅

　ホテルの玄関を出ると粗末な小型バスと頭につけるクーフィーヤを首に巻い
たアラブ系の運転手そしてガイドの毛利（M）さんが待っていた。Mさんは
兵庫県の相生出身で、現在はヘブライ大学で一神教を研究中でベツレヘムに自

宅があるとのことだった。日本人でこのような生き方をしている人もいるということを知りうらやましい気がした。Mさんはやや太めで毛のほとんど残っていない頭に白い帽子を被っており、声はよく通った。

ヤッフォ

バスはテルアビブの街を通ってヤッフォへ行き、「皮なめしシモンの家」というところを訪ねた。ペテロが立ち寄ったところだ。

カイザリア

地中海に沿って北上しローマの遺跡があるカイザリアに寄った。さらに北上し、バスの窓から見える海岸沿いの道に沿ったあたりにはシャロン平原と呼ばれるらしいが、右手に続く丘は背の低い木立が生えるだけで岩だらけであった。

ハイファ

ハイファに入り、軍港のアッコを望む丘でひと休みした。アッコをかすかに望むことができたが、それより真下に見えるネギぼうし形の屋根をもつ寺院はバハイ教寺院ということだった。

そこから東のほう内陸に入りしばらく行ったところでレストランに入り昼食になった。テーブルに出てきてその後もたびたび食べることになったピタという薄いパンは適当なやわらかさとねばりがあり日本にあるパンより食べ飽きない。これを半円になるように二つに裂くと、裂け目が開き、この間にサラダなどを詰め込んで食べるのである。

ナザレ

エズレル平原、カルメル山をかすめてナザレに向かった。ナザレはなんといってもイエスが少年時代を過ごしたところであり、まさにナザレびとイエスである。バスを手前の道路で降りて歩いて円錐形の屋根の「受胎告知教会」へ入った。大きな建物だった。教会の中の柱にはイエスの生涯を描いた絵とアラビヤ語で書かれた布が垂れ下がっていた。ここはもちろんユダヤ教でもなくまたキリストの諸宗でもなく、アラブの臭いがした。

カナ

陽が傾くころ、イエスが結婚式で水をブドウ酒に変えたという「カナの教会」に寄った。教会の地下には古い瓶それから床であったろうと思われる小さい石でできたモザイク画の一部が立てかけられてあった。

資料2

ティベリア

ガリラヤ湖畔ティベリアのシーザーホテルに着くともう暮れていた。夜は一人でホテルを出て辺りを歩き回った。ホテルの前の道路を渡った向こう側にもう使われなくなったモスクを見つけた。初めて見る実際のモスクだった。

ガリラヤ湖

ティベリアから昨夜見かけた桟橋から小型船でガリラヤ湖を縦断して北岸のカペナウムへ向かった。シーザーホテルを後ろに見ながら進むうちに、左にマグダラ、右手にはヨルダンを望むようになった。

朝陽が湖の波に当たってキラキラと輝いていた。前方の北の岸に赤い屋根がかすかに見えるようになり、そのはるか彼方にはヘルモン山が見えるはずであったがかすんで見えなかった。

もう少し近づくと左手に「山上の垂訓教会」とその下にイエスが説教したというなだらかな丘が見えるようになった。それまでのなんとなくぎすぎすした感じの風景とは打って変わって丘は陽光を浴びて緑がビロードのように広がっていた。

カペナウム

イエスが主としてペテロら漁師達に語ったとされるところに建っていた基礎の形が8角形をした教会跡に寄った。隣にはおもしろいことにユダヤ教のシナゴグの跡があった。またこの近くにコラジン、ベッサイダといったイエスが歩き回ったと思われるところもあるはずだが、今は何もないそうだ。

そこから西にある「ペテロの教会」に寄った。ペテロの家の跡に建てたらしい。そこは湖のほとりにあり、足元をよくみると黒く広がっているのは砂ではなく小さい貝殻であった。すぐ近くに「パンと魚の教会」があり、教会の内部の床には魚や孔雀のモザイクがあった。孔雀は天国と関係があるらしい。

山上の垂訓教会

「ペテロの教会」から少し上ったところに、船上から見えた「山上の垂訓教会」があった。ここからはガリラヤ湖やその下に広がる麓一帯を一望することができた。ローマからは政治的経済的に、パリサイ派からは宗教的に収奪され、逃げ場のなくなっていた当時の民衆にとってイエスは出るべくして出てきたとも言えるとMさんは言った。先回りしていたバスで今度は湖の西の陸路を南

下した。

ヨルダン川

ヨルダン川に沿って南下した。道路はよく舗装されていてゆるやかに上下し、また左右に曲がった。左右は石ころの混じった丘以外には何もなかった。ところどころにギブツがあった。また白、黒、茶色の羊の群れをしばしば見かけた。それほど広くもないヨルダン川の対岸はもうイスラエルからすれば敵国のヨルダンである。ときどきジェット戦闘機が頭上を通り過ぎた。

エリコ

エリコに入って、右手の遠くの岩だけの絶壁になった高い山は「誘惑の山」で、ここで悪魔がイエスを試みたとされている。

近くに、ザアカイがイエスを見るためによじ登ったという大きなイチジクの木が道路のまん中に立って大きい枝を広げていた。日本で見るようなせいぜい人間の背丈のようなそれではなく見上げるような10mは越えようという大木である。

ユダの荒れ野

エルサレムの手前のユダの荒れ野はまさしく荒れ野で、草ひとつ見られず岩山が延々と続き、これも来て見なければ分からないものの一つであった。ガリラヤからエルサレムまでは歩いて一週間の道のりらしいが、歩いたりロバに乗ったりしての都詣での様子、それに追いはぎに襲われたサマリヤ人を思い浮かべた。荒れ野の小高い丘の裾野のあちこちにベトウィンを見かけた。黒いテントが砂丘のひだにへばりつくように這い、黒い人影が動いていた。

エルサレム入り

ある峠を越えるとバスの前方に建物が見え始めた。エルサレムだった。街の入口あたりにはアラブ人のバラックのような家が続き、家の前に座り込んだ人が、暗い目でバスの中の人間を見つめていたのが印象的であった。エルサレムを通り過ぎてベツレヘムまで足を延ばした。

ベツレヘムの生誕教会

「生誕教会」前の広場に着いたときはもう薄暗くなっていた。ここも例にもれず石造りの要塞のようで、日本で想像するようなスマートな教会ではなく、イスラエルに着く前に、参加者のSさんが「あそこは石だらけです」と言って

いたのがうなずける。

　教会の地下に、イエスが生まれたところだというやや長めの洞穴があり、その一方の端に低くランプがたくさん吊り下げられ、その下に回りを星型の金属で囲まれた直径10cmくらいの穴があり、その斜め前に飼葉桶かベッドのようなものがあり、そこにキューピーのようなお人形のイエスが寝かせられていた。ギリシャ正教というのはどうもごてごてが好きなようだ。生誕教会を出ると、近くのモスクから夕べの祈りのためのアザーンが朗々と響き渡っていた。

オリブ山のホテル

　オリブ山というのはオリーブの木がたくさん繁った日本でいうとミカン畑のようなものを想像していたが、ひとつひとつのオリーブの木が大きく思っていたものとは違っていた。イエスが上り下りしたその山の頂にあるホテルに泊まるなんておかしな気持ちだった。

エルサレム城

　あくる日の早朝、ホテルの西にある玄関に回った。眼下にエルサレム城、旧市街が広がっていた。岩のモスクのネギぼうし型をした黄金の屋根に朝日が当り、それこそ黄金色に輝き始めるところであった。そして城壁全体が肌色の石で造られていて、またそのなかの建物も同様の石のため、岩のモスクに限らず、城全体が黄金色に輝き出した。

　朝食後、バスでオリブ山を下り、ネギぼうし型の屋根がたくさんつっ立っている「マグダラのマリア教会」を見ながら、はじめに「主の祈りの教会」に行き、それから、すぐ近くにある「ゲッセマネの園」と「万国民の教会」へ行った。

嘆きの壁

　エルサレム城の「糞門」の前にバスを止め、石の門をくぐるとすぐに検問があり、小銃を持つ男女の若い兵士による持ち物の検査があり、ようやく嘆きの壁の前に出た。

　嘆きの壁はヘロデ大王のときの3度目の神殿の一部で、そこだけがかつてのユダヤの栄光を思い出す場所であり、全部ではないが特にファンダメンタリストといわれるユダヤ人が集まり、壁に向かって聖書を読みながらさかんにおじぎをしていた。

壁を離れ、エルサレム城近くのある建物を出るときに、Mさんが立ち止まって、その戸口に柱に打ちつけてある細長い板とそのまん中あたりの幅2cm長さ10cm厚さ1cmの黒いものを指差した。Mさんの説明によると、ここには申命記6-4の文言が、あの手や額そしてこの戸口にはりつけているらしい。いわゆる「シェマー（聞け）」と言われるそうだ。小板はメズーザというらしい。また「シェマー」はユダヤ教の要だそうでユダヤ人の生活の一端に触れた思いがした。

コプト教

　Mさんの後について次にエジプトのキリスト教であるコプト教会の中を通り過ぎた。通行料のように献金をすることになっているそうで1ダラーを金属製のお盆に置いた。そこは真っ暗で、そのうえ2人ほどいた修道士は細身で背が高くしかも肌は真っ黒だった。キリスト教のイメージからは程遠かった。

ダビデの墓

　それから戦闘の跡も生々しいぼこぼこに弾痕がつけられたシオン門を抜け出て、門のすぐ前にある室内に置かれた巨大な石に布が被せられた「ダビデの墓」の前を通過した。

「最後の晩餐」の部屋

「最後の晩餐」の部屋はがらんとした天井の高いほこりっぽいところで何もなかった。レオナルドの絵の情景とは似ても似つかないものだった。

鶏鳴教会

　それから細い曲がりくねった道を少し登ったところにある「鶏鳴教会」へ行った。名前が示すようにペテロがイエスを3度にわたって否定したときに鶏が鳴いたとされているところで、ここにカヤパの官邸があったそうだ。

　教会の横に幅3mぐらいの石の階段が下っていて、これは数少ない当時のものであり、昔のままという石を手袋を取って素手て擦った。

　ここにも地下室があった。紀元前のヘロデ時代からのもので、捕まえられたイエスもここに留め置かれたらしい。ここでMさんは詩編88篇を読み上げた。

ステパノ門

　この門は「ライオン門」ともいわれ、なるほどよく見るとかわいいライオンの姿が門の中程の左右に浮き出ていた。ここでステパノが殺されたとされてい

る。入ってすぐにベテスダの池というところに立った。池といっても水はなく
足元から 10m 下に矩形の崩れかけた空間が広がっているだけだった。M さん
も特に強調していたが、ここは数少ない当時のままのものであり、ヨハネ 5-2
ではイエスがここで病人を治したとされている。

エッケ・ホモ教会

すぐ横に「エッケ・ホモ教会」があった。確かこの地下だと思うがローマ時
代の石畳の道路がありその石の上にローマ兵がゲームにしたという刻み跡が
あった。つまり昔の道路は今より数メートル下で、そこは 2000 年前のユダヤ
人やらローマ兵やらさまざまな人間の足跡がそのまま息づくところでもあった。
ここはそうしたモノに限らず意識の上でも過去がそのまま今に生きている、あ
るいはないまぜになって歴史上の時間の感覚がおかしくなるところでもある。

ビィア・ドロローサ

いよいよヴィア・ドロローサ（悲しみの道）を辿ることになった。といって
も当時イエスがどこを歩いたかは確かめるすべもなく、ましてや当時の道は今
歩いているところから何 m か下である。

あたりは相変わらずざわざわとアラブ人が行き交い、道の左右は大阪でいえ
ば鶴橋のような店が並び、店員が道行く人に物いいたげな眼を送っていたし、
店の中の品物にしてもなんだかあやしげな感じがした。道端にも衣類や雑貨を
広げていた。ところどころにはアーケードあるいは 2 階屋のようなものが架か
っていてその下は薄暗く、よけい鶴橋に似てくる。

道はくねくねと曲がり、また結構上り下りの階段も多く変化に富んでいた。
ときどき立ち止まって M さんが説明するが、へえなるほど、とその時思うだ
けでほとんど覚えていない。それより迷子にならないように前を行くグループ
の人を見失うまいと必死だった。

要するにヴィア・ドロローサはそんなところであった。ここをローマ兵に責
立てられ同胞になじられながらイエスは十字架を担いで行ったのかと思いなが
ら M さんの白い帽子を追った。

聖墳墓教会

最後にたどり着いたのは「聖墳墓教会」でイエスが十字架につけられ葬られ
そして復活したということになっている。中は比較的大きいが暗くてなんだか

ごたごたしていて、それもそのはずでカトリックからギリシャ正教、コプト教などが同居しているらしい。

この建物のなかにさらに小さなお堂のようなものがあってそれが聖墳墓とかでギリシャ正教が管理しているらしく、入口あたりは例によって大小さまざまのランプやらローソクが釣り下げられ、なかは狭く洞窟のようでローソクの光が妖しげにゆらめいてていた。

ここにはあのガリラヤの湖を取り囲む緑豊かな明るい空気は露ほどなかった。ホテルに戻ると日が傾いていて、急いでカメラを持ってホテルの前のすこし下った空き地に立った。エルサレム城は朝日が当たったときとはまた違った色合いを映し出し、やや疲れを伴うけれども落ち着いた空気を漂わせ、数々の人間のドラマを秘めながら、歴史のなかのきょうという日を静かに見送るようだった。左斜めの地平に徐々に沈む夕焼けとそれとともに次第に薄闇にのなかに沈んでいくエルサレム城を見つめ続けた。

神殿の丘

次の日、オリブ山頂のホテルからエルサレム城を見るとひときわ目立つ黄金の屋根をもつ「岩のモスク」に入った。きのうの「嘆きの壁」の内側のさらに高いところに位置している。ここは城のなかのさらにもう一重内側に壁がありそのなかにこの「岩のモスク」と「エルアクサモスク」があり、「神殿の丘」ともいわれる。

この中からオリブ山に向かう方向に「黄金門」があるが、キリスト教的に言うとイエスがロバに乗ってこの門を通って入城したところで、またユダヤ教的に言うと終末の日にメシアがこの門から入城するとかで、それを阻止するためにイスラム教徒がこの門を石を積んで閉じてしまった。冗談が過ぎると思うが彼らは本気にそう思い込んでいるのだ。

神殿の丘はその外の喧噪が嘘のように人影もまばらで大きな2つのモスク以外は建物もなくただ石畳がずっと広がり陽光がその上に静かに降り注いでいた。

岩のモスクはさすがに大きく外壁の窓の回りの細やかなブルーのモザイクが美しかった。

靴を脱いで中に入ると床の石はひやりとしたが、床のほとんどは赤が主調の絨毯が敷きつめられていた。そして目を上げるとそこには息をのむような広大

な空間があり、ゆっくりと空気は移動しているかのようだった。窓を飾るブルーのモザイクは暗い内側から見るとさらに美しかった。

中央にはとてつもなく大きな岩があり、創世記22によれば、アブラハムがやっとのことでサラとの間にできた子のイサクを無情にも燔祭として捧げよとの神の命令に従って暗い絶望感に打ちひしがれて刃物をとったところとされている。イスラム教的には、ここからムハンマドが昇天したということになる。

死海

いよいよエルサレムに別れを告げてバスは東に向かって走った。相変わらず岩だらけの砂山が延々と続き、バスはその間を縫って走る舗装道路をひた走った。ガリラヤ湖から流れてくるヨルダン川にぶつかる手前で右つまり南に折れるとすぐに死海が見えてきた。

クムラン

それからしばらくするとクムランだった。クムラン教団（エッセネ派）があったところで、このあたりで死海写本が見つかったことでさらに有名になった。羊皮紙に書かれた巻物はまさに当時のもので、ヘブライ語で書かれた旧約聖書の一部であった。エドマンドの『死海写本』によると今世紀最大の発見ということになる。

石を積み重ねた壁があるだけではあるが、教団の修道院の遺跡が残っていて集団生活を営んだ形跡を認めることができる。うまく雨水を貯蔵したようだが、食べ物はどうしたのだろう。周囲に緑はまったくなく、赤茶けた砂と岩だけの世界だった。日本では海があれば普通は近くには緑があるというのが相場なのに、ここは青い海と赤茶けた砂の2つの世界があるだけだ。

死海を左に見てさらに南下すると右手に小高い丘が見えてきた。「マサダの要塞」跡だった。

マサダ

食事を終えてマサダに向かった。マサダのことは名前だけは知っていたがユダヤ人にとって自分らのナショナリズムを高揚するのには重要なところであることをこちらに来て分かった。

集団自殺は日本の専売特許かと思っていたがそうでもなさそうで、ローマ軍に攻められついに明日最期の戦闘になるという日に、女性、子供を含む約

1000人のユダヤ軍は味方を殺す人間をクジを引いて決め自決したそうだ。

Mさんにあちこち案内してもらった。案内によると、雨水を貯蔵する巨大な貯蔵庫があるが、食料は下りて調達してくるしか手はなかったらしい。シナゴーグやさまざまな貯蔵庫それにローマ式の浴場跡もあった。

下を見るとローマ軍の駐屯地跡といわれる矩形の平地がいくつかあった。ここからローマ兵をユダヤ人は見下したのだろう。東のほうに目を向けると死海が広がっていた。見渡すかぎり人工的なものはなにも見えなかった。

死海に浮かぶ

エンボケックへ行き、ロットホテルに入った。ロットというのはアブラハムと行動を共にしたロトからきたのだろう。死海で泳ごうというより浮かぼうということで着替えてホテルの裏から海岸に向かった。

すでに陽が傾きやや肌寒かったが入った。足の裏が痛かった。海底から石を採ってみると表面に塩の結晶が析出していた。これでは痛いはずだ。海水はなんだかねっとりした感じでおそるおそる口にすると、まあそれこそ口では表現できないほどのからさだった。

海水が目に入れると危険だというので注意しながらそろそろ平泳ぎから入ったが、なんとなく尻が持ち上がりそのぶん頭が沈むような感じなので、これはあぶないと思い逆に仰向けになった。背泳のような感じですこし沖へ出てみた。水がやや重いようだ。目を上げると東の方にヨルダンの山々が赤みがかって続いていた。日本は今ごろ年の暮を迎えて慌ただしいことだろうなあと思いながら仰向けになって浮かんだ。陽はいよいよ沈み寒くなってきた。ロトホテルで一泊。

イスラエルからエジプトへ

死海に別れを告げ、さらに南下した。途中、右手に異様な格好をした岩山が立っていた。岩塩の結晶が成長したものらしい。創世記19に塩の柱になったロトの妻の記事があるが、その塩の柱がこれだとMさんが言うがそんなものはいくつも立っていた。

見渡す限り砂と岩の世界で水の侵食を受けて荒々しい姿をした山が続き、ところどころにワジという枯れ川があった。そういうところにはちらほらあるいはポツンと背の低い木が立っていた。木といっても日本で普通見られるように

しっかり幹葉を繁らせてまっすぐに立っているのではなく、水や栄養分がない のかひょろりと頼りなげな感じで、夜見るとぞくっとするような立ち現れかた である。この木から創世記 21 に記されているハガルがアブラハムから追い出 され、その子を木の下におき、「わたしはこの子の死ぬのを見るに忍びない」 と言って、矢の届くほど離れて行き、子供の方に向いて座った、というハガル の絶望的な状況を思い出した。

しばらく行くとアカバ湾が見えてきた。海の色は濃い藍色であった。アカバ というとアラビアのロレンスがアラブの兵士とともに攻略したところというこ とでその名前は知っていた。到着した町の名前はエイラートだった。

この近くのアメリカ風のホテルで昼食だった。M さんによると、このホテ ルは戦後処理の際に、どちらに属させるかが問題になったそうだが、結局エジ プトに押し切られて今はエジプトのものらしい。

エジプトに入る

少し行ったところに、イスラエルーエジプトの国境があった。手前のイスラ エル側でバスを降り、お世話になった通訳の M さんとアラブ人の運転手と別 れた。そこから 50 m ほど荷物を引きずってエジプト側へ歩いて行った。右手 の丘の上にイスラエル国旗とエジプト国旗が並んで立てられていた。そこで大 型できれいなベンツのバスが待っていた。鼻の下に髭を生やしたひとなつっこ くでっかいエジプト人の運転手と同じくエジプト人のガイドが待っていた。ガ イドはややなまりのある日本語を話すガブリーさんで、運転手の名前はムハン マドさんだった。エジプト側での検査は厳しく荷物をすべて開かせられた。

バスはアカバ湾を左に見て信号のない舗装された道路をすごい速度で走りだ した。運転は豪快だったが不安はなかった。いよいよシナイ半島にはいったら しい。

シナイ半島の砂漠

行けども行けども車窓は砂、砂、砂で遠くに大きな岩山を見るだけだった。 これではモーゼも大変だったろう。砲身をむなしく突き出して崩れている戦車 や輸送車の残骸が砂に横たわっていた。アラブとイスラエルとの戦争跡という ことだった。

167

シナイのホテル

シナイのホテル、ワディ・エル・ラハに到着したのは真っ暗になってからであった。バンガロー風の一軒家であった。少年が荷物を担いで一軒屋まで案内してくれた。外壁は自然の岩石をそのまま積んであった。

エイラートでの昼の暑さはすでになく寒かった。夕食はバンガローからすこし離れた高いところにあるレストランであり、懐中電灯で足元を照らしながら歩いて行った。

レストランの中は高い天井で広く、徐々にたくさんの人が集まり、賑やかになった。盛り上がっている外人グループもあった。別の日本人のグループも来ていた。明日はシナイ登山で大変ですよ、という声を耳にしながら、イエスの匂いのするところから離れて来てしまったなと、なにやら寂しさの混じった思いにぼんやりと浸った。

食事を終えて出て見上げると真っ暗な空一杯に星が瞬いていた。渡辺英俊の『聖書の人間たち』は聖書を改めて教えてくれ、そこにわれわれと変わらぬ生き生きとした人間の息づかいを感じさせてくれた貴重な本であったが、そこに出てくるアブラハムの生涯のくだりをシナイに着く前からずっと考えていた。

地上のバンガローからかすかに漏れる明り以外真っ暗な世界に星だけが生きているようだった。アブラハムそしてモーセそれからユダヤの民は放浪の旅の中でいくど振り仰いだことだろう。しかしその砂漠の夜空はやはり一言も語ることなくただ黙ってしじまのなかに沈んでいた。

シナイ登山

早朝の暗がりの中をバスが待つホテルの事務所へ急いだ。外はそれほど寒くはなかった。事務所の前に小柄でひょろりとして年齢不詳といった感じの男が待っていて、言葉はまったく通じなかったが、どうやらこの人がシナイ登山のガイドらしいことが分かった。こちらはダウンを着用していたが、彼は薄く青い細長いワンピースのようなものの上に簡単な上着だけで運動靴の足は素足でさすがに寒そうだった。砂漠の民ベトウィンで険しい顔つきだった。

しばらくバスに乗り、暗かったのでよく分からなかったが止まったところは、どうやらセントカテリーナ修道院の横だったらしいが、そこにはこんな夜中にどこからこんなにたくさん集まったのかと思うほどいろんな人種の登山者がう

ようよいて歩き始めていた。われわれもその登山の列に加わった。

　そのガイドの意図はとにかく集まって行けということらしく、ときどきグループを止めてわれわれに全員いるかと確かめさせた。あたりはとにかく真っ暗で足元を照らす懐中電灯の明りだけが頼りだった。足元は石ころだらけの砂道でそれほど急ではなかったが、たくさんの人が行くものだから砂ほこりがたちこめていた。

　頂上近くになると急な石ばかりの一人が通るのがやっという階段になり、そしてあたりがぼんやりと白むころに頂上にたどり着いた。

　　そこでわれわれのグループもようやく1箇所に集まり、1991年1月1日の日の出を待った。かすかな疲れと砂臭さと眠気のなかで、おれはいまシナイ山の頂にいるんだなと思った。

　すこしずつ日本画の墨絵のようにかすかに濃淡がついた山並が浮かびあがってきた。その一番明るい部分からまぶしい光がちらと見えた瞬間あたりが輝き始めた。「オー」というどよめきと歓声が起こった。そして徐々に太陽が顔を出してきた。それと共にそれまで薄ぼんやりしていたあたりの様子がはっきりしてきた。見渡す限り巨大な岩が連なる山々だった。他には何もなかった。

　和らぎとか柔らかさ、潤い、あるいは希望や期待とは無縁の世界だった。一切の助けから拒絶され、引くことも進むこともできないぎりぎりのところに立たされ、そのときになって初めて人はなにかしら無から有を得るかのように己のなにかに出会うのだろうか。だからこそ人は人里を離れるのか。そんなことを考えた。そしてこれまでの自分の半生をもう一度振り返らされた。

セントカテリーナ修道院

　修道院まで下りてみると、建物は遠くから見たよりはるかに大きく、石壁の高さは見上げるほどであった。修道院は岩山の麓の左手の山にへばりつくように建っていた。保護色であるかのように岩山と同じ材料で砂漠に同化していた。

　入口は山から下りてきたのとは逆の院が背にする山に向かって右の方にあった。この入口は後からつけられたそうで昔は外敵から守るために入口はなく人・物の出入りは高い石壁からロープで上げ降ろししたそうだ。

　旅行の前から修道院のことはいろんな案内書で知っていて期待していたところの一つだった。生き物の影さえないところで生涯を送ろうと心に定めた人間、

169

俗世を離れて生きようとする人間の精神には興味があった。

　ここはギリシャ正教が管理していて教会堂の内部は例によってランプやらなにやらがごてごてと高い天井からところ狭しと吊り下げられていた。修道士達はここで何を思ったのだろう。俗世との一切の関係を断ち切って誰からも忘れ去られ、砂漠のまん中の小さな閉じた世界で過ごす生涯に悔いはなかったのだろうか。

　50mくらい離れたところに小さな棟があり、金網の奥に2千年の間にここで死んだ修道士達の骨が山積みにされていた。頭蓋骨とそれ以外の部分とが別々の山になっていた。まさに放り投げてあるという風だった。頭蓋骨以外の部分の山の前に、偉い修道士らしいミイラが黒い服を着てガラスのケースの中に座らされていた。傾いた黒いフードの中の白い頭蓋骨の虚ろな2つの穴が斜め下を見つめていた。そこにはなんの飾りもなかった。ただ無造作に死そのものがあるだけだった。

カイロへ

　ベンツの大型バスは一路カイロに向けて砂漠の中の一本道を突っ走った。地図でみると250kmくらいの距離だったがすれ違う車はなかった。相変わらず車窓は砂漠、岩山が延々と続くだけで、また焼けた戦車の残骸が砂漠のなかに半ば埋まっていた。

　陽が傾き、薄暗くなるころスエズ湾が見えてきた。そしてスエズ運河の地下道をくぐった。道内は撮影禁止で入口にはエジプトの兵士が立っていた。カイロはアフリカ大陸最大の都市だそうだが、街全体が砂っぽかった。至るところにモスクとそのミナレットがあたりの家並の波のなかにくっきりと威容を誇っていた。イスラム教の国に来たことを実感した。

　道路は帰り路を急ぐ車でごったがえしていた。カイロのクルマの運転は無茶苦茶だと聞かされていたが、行儀が悪いとされている大阪のクルマの比ではなかった。信号無視、追越し、割り込み、これに自転車、歩行者がその間を泳ぐといった感じであった。

　カイロの街に入るとガブリーさんはカイロ大学、動物園、各国の大使館のことなどを解説してくれた。バスはナイル川にさしかかった。ナイル川はさすがに広かったがあっけなくその橋を渡ってしまった。泊まることになっていたギ

ザのオアシスホテルもシナイのワディ・エル・ラハと同じように各室は一戸建てだった。

ピラミッド

あくる日、ギザのピラミッドを見物した。街をはずれると急に見渡す限りの砂漠を背景に３つの角錐形が目の前にあった。一つ一つの石そのものが大きく、それが何万と積み上げられているらしい。

河岸神殿から参道を通って葬祭殿へも行った。どれもこれも石ばかりだった。それから修理中のスフィンクスを見たが、思ったほど大きくはなかった。

ピラミッド群を後にして、動き始めたカイロの街に入った。女性は大抵肩から裾までの黒い服を着、白い布でほっかむりをしていた。男もシナイのベトウィンが着ていたような薄い青色の細長いワンピースのようなものを着ていた。

カイロ博物館に入った。なかにはピラミッドや神殿にあった遺物が陳列されていた。石の像や黄金のマスクなどお馴染みのものがあったが、件の権力者の遺物などどうでもいいと思った。

博物館を出たところでガブリーさんはつぎの観光グループへと移っていった。

カイロ空港に着くころに砂嵐がやってきてあたりは砂だらけとなった。バスから空港まで荷物を運んだがその間も砂は舞い続けロビーの中まで入り込んでいた。カイロからトルコのイスタンブールまで飛んだ。

イスタンブール

イスタンブールは寒かった。夏から一気に冬のところへ来たようだ。地中海を隔てるだけでこれだけ気候が違うものかと思った。急いでダウンの上着をとり出した。天候はやや下り気味で寒い風が吹いていた。ガイドはロシアの湖で有名なバイカルという名前の通りロシア系の人でヒゲを生やしていた。

ブルーモスク

「ブルーモスク」へ行った。小さな丸屋根がいく層にも重なり合い、下のほうからもくもくと上昇し大きな丸屋根につながっていた。エルサレムの「岩のモスク」のような華やかさはないが、どっしりとし、世界でここだけという６本の高いミナレットもすばらしかった。中に入って内側から上を見上げると回りを取り巻く何段ものステンドグラスのこまやかな青の彩りが暗闇のなかに浮か

んでいた。

バイカルさんはモスクの窓によく使われている色の青ブルーは天国の色ですよ、みなさん、と教えてくれた。

「ブルーモスク」の裏に「アヤソフィア教会」があった。アヤソフィア教会は外壁に赤いレンガが使われていて赤く、石だけの男性的なブルーモスクに較べ女性的だった。キリスト教の教会なのかイスラムのモスクなのかよくわからなかったが、天井に大きなイエスの壁画が浮き出ていて、同時に大きなアラビア文字が記されていた。キリスト教とイスラム教のせめぎ合いがあったようだ。

さらにその裏にあたる位置にある「トプカピ宮殿」を見学した。当時の宝物がこれでもかといった調子で並べられ、金や銀、さまざまな宝石で作られた当時の権力者の持ち物が埃を被って空しく光っていて、ただ疲れただけだった。「トプカピ宮殿」で、同行のある方がこのような大きな建物を残すところが凄い、といった趣旨のことを言われたが、わたしはそんなものとイエスはなんの関係もないとつぶやいたのを覚えている。こんなところにイエスがいるわけはない。大伽藍にゴータマがいないのと同様である。

ボスポラス海峡

波止場から小型の観光船に乗り込み、雨のボスポラス海峡の観光に出かけた。ときどき見えるモスクやミナレット以外は別にどうってことはなかった。海峡に架かる橋のひとつは日本が作ったらしい。東洋と西洋の接点として数々の歴史をとどめる海峡も今はただ比較的小型の船舶が行き交うだけだった。

それからイスタンブール空港に向かった。車窓から見た街は城壁跡などが雨に濡れて連なっていて中世の歴史がそのままそこにあるという感じだった。

北京へ

イスタンブール空港からまた中国民航で北京に向かった。補給のためいったんアラブ首長国連邦のアブダビ空港に立ち寄った。再び乗り込み、機中泊ということになった。

明るくなって今度は中国のウルムチ空港に着陸したが、空港以外にはなにもなくあたりには雪で真っ白だった。ウルムチは天山山脈の東端にあり、トルファンや楼蘭そしてタリム盆地、タクラマカン砂漠が近くにあるところだ。空港

の屋根には中国語とアラビア語の両方で名前が出ていた。ここでもいったん機を降りて空港の待合室へ行った。

　2時間ほど待って再び搭乗した。眼下は雪を頂く山々や白一色の砂漠の連続だった。北京に近づくに従い地面の色が見え、青い水が見えてきた。今度も燕翔飯店で泊まった。

帰国

　中国民航で成田へ、成田で日本語を見てほっとした。バスで羽田まで移動。窓から見える風景でようやく日本に帰ってきたのだなと感じた。さらに羽田から大阪空港へ向かった。

旅の後で

　イエスが神の子か、復活したのか今の私には分からない。分からないことは分からない、また信じられないことは信じられないとしておこう。

　イエスが生きた背景をこの目でみて、当然ながらイエスが身近になったし、また聖書が見えるようになった。モノクロの世界がカラーの世界になったと言っていい。聖書に記されたひとつひとつのものの名前や地名がちょうど自分が住んでいる町のそれのように手にとるような感じになった。

　そして、永遠なもの、変わらぬもののみにかかわって生きて行くことが自分にとって幸福であるということを改めて痛感した。

[資料3]　国内の巡礼の記（前著の資料6から資料10のダイジェスト）

国内の巡礼の記

　1982年6月19日、函館・トラピスト修道院を訪問した。上磯町にある修道院の門までの左右に高い木が植えられた真っ直ぐな道は感動的だった。映画「第三の男」の最後のシーンを思い出した。院の内部を修道士に案内してもらって見学した。案内してくれた修道士は形式的な感じがしたが、門衛をしていた修道士のほうが人間的に思えた。彼は吉田初行という方で長崎の出身だが、修道院に入るということは親族にとって名誉なことらしく、吉田さんは親のた

めだとも言った。

　函館に戻りあくる日の函館ハリストス教会の礼拝にも参加した。すでに東京お茶の水のニコライ堂での日曜日の礼拝を見たことがあるが、同じような様式で行われていた。イエス当時の礼拝の仕方を色濃く残しているとも言われ、香煙たなびく暗い堂内を長いひげを生やした司祭が香煙を出し続ける壺を振り回しながら忙しく出たり入ったりする中を、楽器なしの音声のみの合唱は荘厳な気分にはさせてくれるが、イエスには明るいガリラヤ湖が相応しい。

　集会が終わった後で、この教会の責任者と話をしたいと言うと、函館市役所の職員だという方が出てこられて話した。わたしは信仰には何一つ御利益などないと申し上げたが、その方は「静かな心が得られる」という御利益はあると言われた。

　1984年11月9日から11日にかけて津和野・乙女峠におけるキリシタンの殉教跡を回った。

　道路から少し上にあるマリヤ聖堂へ初めて行ったときには観光客が大勢いた。聖堂はこじんまりしたかわいいものだった。聖堂の前の広場は周囲の木々が紅葉して美しい光景であった。この敷地にある池に厳寒期に長崎から送られてきたキリシタンを浸けたらしい。しばらく散策していると外人と話し合うようになった。しばらく話し合ううちに喧嘩になり、彼は「お前は一人で何もかも知っているようなことを言うが、遠い先輩の遺産があるからそうしておれるのだ」と宣った。観光客のいるなかで、わたしもなにを言ってるんだと大人なげないことになったが、やがて仲良くなり、肩を抱き合う仲となった。

　外人はハンガリー人のホルバート神父だが、日本に帰化しているそうだ。福井のルドルフさんと感じが似ていると思った。

　1988年3月21日から27日にかけて、原城・島原・雲仙・長崎・大村のキリシタンの殉教跡を回った。なんといっても天草四郎で有名な原城址は印象的だった。2万ともされる百姓たちが殺害された窪地（堀の址）も残っていた。

　長崎の大浦天主堂はかなり観光化され案内のスピーカーが鳴り響いていたが、爆心地に近い浦上天主堂のほうは観光客の姿はなく、改築された二つの塔をも

つ教会が堂々と建てられていた。爆風で吹き飛ばされ傷だらけのマリヤの黒い像が横になっていた。

大村を回っていたときに、植松カトリック教会というのがあったので、そこで場所を聞くために入ると、そこで「巡礼をなさっている人」という言葉を耳にし、そうかこういうことは巡礼になるのかと思ったものである。

1989年7月25日から31日にかけて、五島列島の福江島と中通島におけるほとんどすべての天主堂をレンタルバイクで見て回った。

キリシタンといえば五島であるが、キリシタンに興味を抱くまで五島は全く知らないところだった。関連する写真本やテレビで観て一度見ておきたいと思った。島とはいえ広い福江と中通の天主堂をすべて回るにはどうすればいいのか書籍をとり寄せ、また福江の観光課から資料を送ってもらって計画を立てた。

多くの天主堂を見ることになったが、心に残るものだけを以下に記す。

まず北の中通島から回ることにし、福江からバスで中通の有川に向かったが、途中で静かな内海に面して素晴らしい光景が飛び込んできた。後で分ったがこれは中浦教会であった。有川の油屋旅館に泊まってそこを拠点にして回ることにした。

頭島教会は石の教会でまだ新しくどっしりと海の近くに建っていてその海は透き通っていた。福見教会もレンガでがっしりしていたが古かった。入り江に佇む中浦はバスの車窓からちらと見て感動したが、ゆっくり見ると、さらにたとえようのない美しい佇まいである。よくぞこれをここに建てたものだと思う。

江袋教会はがっしりとした形でいかにも漁師たちの天主堂のようにも思えたが、やや特異な形をしていて、説明書きに「屋根は単層構成で変形寄棟の形態をなし、内部はこうもり天井、窓は古い形式のアーチ形で外に鎧戸、内には色ガラスをはめた扉がある」と記されていた。

有川からバスで奈良尾へ行き、奈良尾から福江行きのフェリーに乗った。福江のバスターミナルホテルで泊まり、ここを拠点にした。ここでもレンタルバイクにした。

堂崎教会はレンガ造りで古く、もう使われてはおらず、展示された教会で、教会としての生命はない。楠原教会もレンガで堂崎と設計者が同じと思われるほど似ていた。

　海を望む山にある水の浦教会は中の浦教会とよく似ていてすばらしくおそらく設計者が同じなのであろう。同じく大曽はレンガであったが、中は中の浦に似た薄いブルーで統一され、海に向かって両手を上げるイエス像が建てられ、ここもすばらしい佇まいであった。

　全部で37の天主堂を回ったことになる。

　木の天主堂、レンガの天主堂、石の天主堂いろいろであったが、レンガはがっしりしていて時代が古いものが多かった。好みでいえば木の天主堂が好きであった。たいていの天主堂の壁はステンドグラスで彩られ、五島に咲く椿の花弁の形が模されていた。

　なかには粗末なもの、普通の民家のような天主堂、もう長く使われていない天主堂、捨て去られて雑草に覆われた天主堂（立谷）もあったが、多くは心に残る建物、佇まいであり、これらを設計したひとのセンスがうかがえる。この場所にはこうしたものを建てるのがいいと判断したセンスである。五島の天主堂は空の青、海の青、森の緑、その背景の中で生かされているかのようにときにはどっしり、ときには華麗に、ときには可愛らしく、ときには寂れて佇んでいる姿は生涯忘れられないものとなった。

　1992年2月25日から27日にかけて、天草・本渡におけるキリシタンの殉教跡を回った。水俣からフェリーで本渡へ渡り、本渡でレンタカーを借りた。

　崎津天主堂と大江天主堂を目標とした旅であったが、なぜか五島列島のときのような感動は湧いてこなかった。熊本市に通じる橋ができ時間の流れが都会並に早くなったためか、天主堂といっても周囲との関係で建物のひとつにすぎないという感じであった。五島のような周囲とマッチしたなんともいえない佇まいというものは感じなかった。ということは橋が架けられる前は五島のような雰囲気が残されていたのかもしれない。

資料4

　九州地方を中心としたキリシタンの特に弾圧にかかわるところを訪ね歩いた。その佇まいはすばらしいと感じたし、弾圧されても志を曲げなかったという点では当時の日本人は現在の日本人では考えられない性質を持っていたと思わずにはおれないが、そのよって立つところはイエスとは違うようだということに気づき、キリシタンとは疎遠になった。

　西洋の宣教師たちは遠く離れた東洋の涯の島国日本で信仰のために殉教者が続出することに驚いたことであろう。この国は特別な何かがあるところだと思ったことであろう。そういうこともあってとりわけキリシタンの地に宣教師が居るのであろうと気がついた。
　洋の東西を問わず、いつの時代も権力はにんげんの自由を恐れるもののようだ。だから権力は常ににんげんの自由を制限しようとしてきた。そして権力・権威に従わない、まつろわないものに神経を尖らせる。江戸時代のキリシタンはまさにそうであった。カトリックにつながる諸外国の侵略性を危惧したところもあるが、幕府のキリシタンに対する弾圧は常軌を逸している。それに対するキリシタンの命がけの抵抗については現在のわれわれも畏敬の念を抱かざるをえない。中世のカトリックの異端審問を思い出させる。

［資料4］ 使信リスト

使信リスト　2002 年 4 月 21 日〜 2002 年 12 月 22 日
　（旧約聖書「律法」に相当する部分）

使信「創世の主（あるじ）」（創世記 1:1-2:25）	2002.4.21
使信「カインの末裔」（創世記 4:1-16）	2002.4.28
使信「アブラムの旅立ち」（創世記 12:1-20）	2002.5.12
使信「星を数える」（創世記 15:1-21）	2002.5.19
使信「イシュマエルの誕生」（創世記 16:1-16）	2002.5.26
使信「ひとりでもいたら」（創世記 18:1-33）	2002.6.2

使信「ハガルとイシュマエル」（創世記 21:1-21）	2002.6.9
使信「イサクをささげる」（創世記 22:1-19）	2002.6.16
使信「サラとアブラハムの死」（創世記 23:1-20）	2002.6.23
使信「エサウとヤコブ」（創世記 27:1-45）	2002.6.30
使信「ヤコブの逃避行」（創世記 28:1-22）	2002.7.7
使信「ヤコブと伯父ラバン」（創世記 29:1-30）	2002.7.14
使信「出産競争」（創世記 29:31-30:24）	2002.7.21
使信「教会の戦中・戦後」（イザヤ書 1: 2-3 ）	2002.8.4
使信「ヤコブとラバンのバトル」（創世記 30:25-32:1）	2002.8.4
使信「ヤコブの帰郷」（創世記 32:2-33:20）	2002.8.11
使信「ヨセフ，エジプトへ売られる」（創世記 37:1-36）	2002.9.1
使信「兄弟・父との再会」（創世記 45:1-15）	2002.9.8
使信「モーセへの呼びかけ」（出エジプト記 3:1-22）	2002.9.15
使信「主の過ぎ越し」（出エジプト記 12:1-42）	2002.9.29
使信「エジプトからの解放」（出エジプト記 13:17-14:31）	2002.10.6
使信「神の名・エフイエ」（出エジプト記 3:11-15）	2002.10.13
使信「律法」（出エジプト記 20:1-17）	2002.10.20
使信「十戒」（出エジプト記 20:1-17）	2002.10.27
使信「人道的律法」（出エジプト記 22:20-26）	2002.11.3
使信「口伝律法」（出エジプト記 20:1-7）	2002.11.10
使信「カナンへの侵入」（民数記 11:1-34）	2002.11.17
使信「異教神の誘惑」（民数記 25:1-17）	2002.11.24
使信「申命記文書の意味」（申命記 6:1-15 ）	2002.12.1
使信「神のいましめ」（申命記 10:12-22）	2002.12.8
使信「モーセの最後」（申命記 32:1-43）	2002.12.15
使信「クリスマスの意味」（マタイ 1:18 -2:23）	2002.12.22

使信リスト　2003 年 1 月 19 日～ 2003 年 11 月 30 日

（旧約聖書「前の預言者」に相当する部分）

使信「カナンへの移住」（ヨシュア記 1:1-15）	2003.1.19

資料4

使信「シケムでの契約」（ヨシュア記 24:1-20）	2003.1.26
使信「士師の時代」（士師記 2:8-23）	2003.2.2
使信「士師のはたらき」（士師記 6:1-18）	2003.2.16
使信「ペリシテとの抗争・部族間の抗争」（士師記 20:29-48）	2003.2.23
使信「バアルとは」（士師記 10:6-7）	2003.3.2
使信「ルツの物語」（ルツ記 1:1-18）	2003.3.16
使信「預言者サムエル」（サムエル記上 3:1-14）	2003.3.23
使信「王の誕生」（サムエル記上 8:6-21）	2003.3.30
使信「ダビデの登場」（サムエル記上 17:12-54）	2003.4.6
使信「サウルとダビデ」（サムエル記上 24:1-23）	2003.4.13
使信「サウルからダビデへ」（サムエル記上 31:1-13）	2003.4.27
使信「サウルの後継者たちとダビデ」（サムエル記下 1:1-27）	2003.5.11
使信「ダビデ契約」（サムエル記下 7:1-29）	2003.5.18
使信「ダビデとバテ・シェバ」（サムエル記下 11:1-27）	2003.5.25
使信「アブサロムの反乱」（サムエル記下 18:1-18）	2003.6.1
使信「ダビデの晩年」（サムエル記下 21:1-14）	2003.6.8
使信「ソロモン王の誕生」（列王記上 2:1-11）	2003.6.15
使信「ソロモンの堕落」（列王記上 11:1-13）	2003.6.22
使信「王国の分裂」（列王記上 12:1-19）	2003.6.29
使信「南北両王国の対立」（列王記上 15:9-22）	2003.7.6
使信「イエスとは誰か」（ルカ 6:20-26）	2003.7.20
使信「エリアの出現」（列王記上 17:8-22）	2003.7.27
使信「エリアへの神顕現」（列王記上 19:1-18）	2003.8.17
使信「ナボトの畑」（列王記上 21:1-24）	2003.8.24
使信「エリヤの昇天」（列王記下 2:1-14）	2003.8.31
使信「エリシャの奇跡」（列王記下 4:18-37）	2003.9.14
使信「アラムの司令官ナアマン」（列王記下 5:1-14）	2003.9.21
使信「イエフとイゼベル」（列王記下 9:1-10）	2003.9.28
使信「エリヤとイゼベル」（列王記下 9:30-37）	2003.10.5
使信「狭間（はざま）に生きる」（マタイ 6:5-15）	2003.10.12

使信「イエフとアタルヤ」（列王記下 10:18-27）　　　　2003.10.19

使信「南北王国の衰退」（列王記下 16:1-20）　　　　2003.10.26

使信「イスラエル王国の滅亡」（列王記下 17:1-18）　　2003.11.2

使信「ユダの王ヒゼキア」（列王記下 19:14-19）　　　2003.11.9

使信「ヨシヤと申命記改革」（列王記下 22:8-13）　　　2003.11.16

使信「南ユダ王国の滅亡」（列王記下 25:1-21）　　　　2003.11.23

使信「バアルとは」（列王記下 17:7-18）　　　　2003.11.30

使信リスト　2003 年 12 月 7 日〜 2005 年 7 月 31 日

（旧約聖書「後の預言者」に相当する部分）

使信「預言者の世界」（アモス 5:4, 24）　　　　2003.12.7

使信「国々への審判」（アモス 2:4-16）　　　　2003.12.14

使信「旧約とイエス」（エレミヤ 31:31-34）　　　　2003.12.21

使信「わたしを求めて生きよ」（アモス 5:1-27）　　　2004.1.18

使信「アモスの五つの幻」（アモス 8:1-7）　　　2004.1.25

使信「怒りと復讐の神」（アモス 9:1-10）　　　2004.2.8

使信「ホセアの妻と子」（ホセア 1:1-8）　　　2004.2.15

使信「イスラエルの淫行」（ホセア 2:4-15）　　　2004.2.22

使信「神の怒りと断罪」（ホセア 4:1-14）　　　2004.2.29

使信「神の裁きの声」（ホセア 7:1-16）　　　2004.3.7

使信「神の怨嗟の声」（ホセア 13:1-15）　　　2004.3.14

使信「イザヤ書」（イザヤ 1:1-17）　　　2004.3.21

使信「ユダに対する審判」（イザヤ 1:18-31）　　　2004.4.4

使信「エルサレムに対する審判」（イザヤ 2:1-22）　　2004.4.11

使信「イザヤの召命」（イザヤ 6:1-13）　　　2004.4.18

使信「シリア・エフライム戦争」（イザヤ 7:1-17）　　2004.4.25

使信「救済への希望」（イザヤ 11:1-10）　　　2004.5.9

使信「イザヤの象徴的行為」（イザヤ 20:1-6）　　　2004.5.16

使信「神の想い」（イザヤ 28:14-29）　　　2004.5.23

使信「解放への期待」（イザヤ 35:1-10）　　　2004.5.30

使信「ユダ王国の滅亡」（イザヤ 39:1-8）　　　　　　　2004.6.6

使信「涙の預言者エレミヤ」（エレミヤ 20:7-18）　　　　2004.6.13

使信「エレミヤの召命」（エレミヤ 1:1-19）　　　　　　2004.6.20

使信「神殿演説」（エレミヤ 7:1-34）　　　　　　　　　2004.6.27

使信「ユダの背信」（エレミヤ 8:4-13）　　　　　　　　2004.7.11

使信「エレミヤの呻吟」（エレミヤ 15:10-21）　　　　　2004.7.18

使信「偽りの預言者」（エレミヤ 23:25-40）　　　　　　2004.7.25

使信「神殿破壊の予告」（エレミヤ 26:1-19）　　　　　　2004.8.1

使信「新しい契約」（エレミヤ 31:31-34）　　　　　　　2004.8.15

使信「アナトトの畑」（エレミヤ 32:6-15）　　　　　　2004.8.22

使信「エレミヤの受難」（エレミヤ 38:1-13）　　　　　　2004.8.29

使信「エジプト寄留の是非」（エレミヤ 42:7-22）　　　2004.9.5

使信「バビロンの滅亡」（エレミヤ 50:1-20）　　　　　2004.9.12

（新約聖書も混じる）

使信「福音書の成り立ち」（マルコ 1:14-15）　　　　　2004.9.26

使信「福音書間の確執」（マルコ 2:23-28）　　　　　　2004.10.3

使信「マルコ福音書（1）」（マルコ 7:1-30）　　　　　2004.10.17

使信「マルコ福音書（2）」（マルコ 10:17-31）　　　　2004.10.24

使信「マタイ福音書」（マタイ 5:1-20）　　　　　　　2004.10.31

使信「ルカ福音書」（ルカ 12:22-34）　　　　　　　　2004.11.7

使信「生まれてこないほうがよかったのか」（コヘレト 5:14-19）　2004.11.21

使信「エゼキエルの召命」（エゼキエル 2:1-10）　　　　2004.11.28

使信「エルサレムの堕落」（エゼキエル 8:1-18）　　　　2004.12.5

使信「エルサレムの崩壊」（エゼキエル 12:1-16）　　　2004.12.12

使信「クリスマスの起源」（ヨハネ 1:1-18）　　　　　　2004.12.19

使信「自己責任」（エゼキエル 18:1-20）　　　　　　　2005.1.16

使信「エルサレムの陥落」（エゼキエル 33:21-33）　　　2005.1.23

使信「枯れ骨の谷」（エゼキエル 37:1-14）　　　　　　2005.1.30

使信「幻の神殿と主の顕現」（エゼキエル 43:1-9）　　　2005.2.6

使信「誤解・誤用されるイエス」（マルコ 2:13-22）　　　2005.2.13

使信「神の国」（イザヤ 35:1-10）	2005.2.20
使信「神の時」（コヘレト 3:1-17）	2005.2.27
使信「神の国の到来」（マルコ 1:14-15）	2005.3.6
使信「神殿事件」（マルコ 11:15-17）	2005.3.20
使信「復活信仰の形成」（1 コリント 15:1-11）	2005.3.27
使信「信仰形成のプロセス」（ピリピ 2:6-11）	2005.4.3
使信「隙間を埋める」（マルコ 14:66-72）	2005.4.10
使信「未来に向かう」（マルコ 1:15）	2005.4.17
使信「与えられた命」（ルカ 12:22-28）	2005.4.24
使信「神の支配」（マタイ 7:7-12）	2005.5.8
使信「第二イザヤ」（イザヤ 40:1-31）	2005.5.15
使信「主の僕」（イザヤ 42:1-9）	2005.5.22
使信「バビロンからの解放」（イザヤ 48:1-22）	2005.5.29
使信「苦難の僕」（イザヤ 53:1-12）	2005.6.5
使信「第三イザヤ」（イザヤ 58:6-14）	2005.6.12
使信「再生の希望」（イザヤ 61:1-11）	2005.6.19
使信「エルサレムの再生」（イザヤ 65:17-25）	2005.6.26
使信「神殿の再建」（エズラ 1:1-11）	2005.7.10
使信「異民族との結婚の禁止」（エズラ 9:1-15）	2005.7.17
使信「城壁の再建」（ネヘミヤ 2:1-20）	2005.7.24
使信「帰還の喜び」（ネヘミヤ 8:1-18）	2005.7.31

使信リスト　2005 年 8 月 7 日〜 2005 年 12 月 4 日

（旧約聖書「諸書」に相当する部分）

使信「何事にも時があり」（コヘレトの言葉 3:1-22）	2005.8.7
使信「生と死」（コヘレトの言葉 9:4-10）	2005.8.21
使信「夢解き」（ダニエル 2:1-49）	2005.8.28
使信「幻を超えて」（ダニエル 7:1-28）	2005.9.4
使信「ヨブ記の世界」（ヨブ 1:1-22）	2005.9.11
使信「一回目の対話」（ヨブ 13:1-28）	2005.9.18

使信「二回目の対話」（ヨブ 21:1-34）　　　　　　2005.9.25

使信「真実を語り続ける」（ヨブ 42:7-9）　　　　　2005.10.2

使信「詩編の世界」（詩編 1:1-6）　　　　　　　　2005.10.9

使信「詩編からの新約の引用」（詩編 22:1-31）　　2005.10.16

使信「詩編のなかのメシア」（詩編 34:1-23）　　　2005.10.23

使信「いかに幸いなことか」（詩編 84:1-13）　　　2005.10.30

使信「貧しい人」（詩篇 10:1-18）　　　　　　　　2005.11.6

使信「わたしの詩篇 1」（詩篇 39:1-14）　　　　　2005.11.13

使信「わたしの詩篇 2」（詩篇 49:1-21）　　　　　2005.11.20

使信「ヨナ」（ヨナ 4:1-11）　　　　　　　　　　2005.11.27

使信「旧約聖書における神顕現」（出エジ 3:1-22）　2005.12.4

使信リスト　2005 年 12 月 11 日〜 2006 年 3 月 26 日

（新約聖書に相当する部分）

使信「史的イエスの言葉」（マルコ 4:1-32）　　　　2005.12.11

使信「パウロの言葉」（ガラテヤ 2:15-21）　　　　2005.12.18

使信「クリスマス・カロル」（ルカ 2:1-21）　　　　2005.12.25

使信「魂という神殿」（マルコ 11:15-19）　　　　　2006.1.15

使信「御意志（みこころ）のみを」（マタイ 19:16-30）　2006.1.22

使信「人生の意味」（ルカ 15:11-32）　　　　　　　2006.1.29

使信「どこの誰でもない我」（マルコ 3:31-35）　　2006.2.5

使信「己を捨てる」（ルカ 9:21-27）　　　　　　　2006.2.12

使信「神を放下する」（マタイ 10:34-39,16:25）　　2006.2.19

使信「本当の貧しさ」（マタイ 5:3）　　　　　　　2006.2.26

使信「無である神」（使徒言行録 9:1-19）　　　　　2006.3.5

使信「私とは何か」（ガラテヤ 2:15-21）　　　　　2006.3.12

使信「信仰の実体」（マタイ 6:25-34）　　　　　　2006.3.26

［資料5］ 大阪教区「教会と天皇制を考える」委員会の2.11集会

関わった大阪教区「教会と天皇制を考える」特別委員会の3.11建国記念の日反対集会

1994年「2.11集会　海外派兵・天皇制と沖縄」西尾　市郎　発題：杉村雅也、大橋一雄

1995年「貴と賤－天皇制と部落差別」栗林　輝夫

1996年「近代天皇制と国民」須崎　愼一

1997年「天皇制と天皇教」幸　日出男

1998年「私の戦争責任と天皇制の戦争責任」小川　武満

1999年「天皇制的「国民国家」の戦前戦後を生きて」李　仁夏

2000年「日本国民はなぜ天皇の戦争責任を追及できなかったのか」中塚　明

2001年「侵略戦争の知識と健忘と作話」野田　正彰

2002年「汝殺す勿れ」／浅野献一「汝殺すなかれ」聖書から／高見敏雄「渡部良三短歌集『小さな抵抗』に学ぶ」／宮井正彌「天皇制・国家神道とキリスト教」／上地武「現代の状況・沖縄の視点から」

2003年「有事法制の時代を憂う」纐纈　厚

2004年「カトリック教会の戦争責任」西山　俊彦

2005年「仏教の戦争責任」菱木　政晴

2006年「日本による朝鮮植民地支配とキリスト教」井田　泉

2007年「キリスト教の戦争経験」安藤　肇

2008年「教会と国家」／宮井正彌「戦中・戦後の教団」／御館博光「ホーリネスの弾圧をめぐって」

2009年「「皇国の民」から「主の民」へ」森野善右衛門

2010年「権力からの自立－宗教の課題」阿満　利麿

2011年「「磯子」から「なか」へ－身を置く位置を問い続けて－」渡辺英俊

2012年「宗祖に従って生きるとは－高木顕明に学ぶ－」泉　惠機

2013年「神の国と日の出ずる国」上村静

資料5／資料6

[資料6] 幸日出男「国家神道とキリスト教」に対するコメント

「幸先生の報告についてのコメント」

「出会い」第14巻第1号、2002年12月、NCC日本キリスト教協議会宗教研究所、所収

　　新島会123回例会「近代日本の天皇制その2」

　　1月26日午後1時30分－4時、同志社アーモスト館

　　発題：幸日出男「国家神道とキリスト教」に対するコメント

　　宮井　正彌（無任所・姫路獨協大学）

（「出会い」に記載されている文章は当日の報告とは多少異なり、文献なども省略されているが、元の原稿を以下に記す。）

　1）戦時中の教会

「己を貫いて生きる」ということは結局は国家（権力）と対峙することであり、最終的に天皇制とぶつかる。その1つの現れが戦時中の神社参拝拒否であり、徴兵拒否であろう。日本の宗教（己を貫くよすが）は天皇制と対立するものとして国家権力から弾圧されてきたものと思っていたが、必ずしもそうではないことを知った（文献1-19）。

　強い反対意見があって難航したが、ようやく1967年に出された教団のいわゆる「戦責告白」にしても、「巻き込まれた」「迷惑した」という被害者意識はあっても、積極的に荷担したのだという意識は希薄である。

　キリスト者は戦争中に神社に参拝し、皇居に最敬礼をし、戦争に加担したことをもって決して「転んだ・惨敗した」とは思っていない。それは「キリスト教信仰そのものを捨てよ」とは命令されなかったし、捨てなかったからである。ほとんどの教会も残った。だから、戦争中のことについて「何も反省することはない」と考えている。

　戦時中、己の意志を貫くか殺されるか、という局面で、「あのときは生き延びることだけしか考えるほかなかった」とも言われる。多くは、戦争が終わってから、やれやれ、これでようやく自由になった、戦時中のことは忘れよう、とした。それに対して、いや、命と引き換えの状況だったとはいえ、己を偽

185

り、他人を欺き、他国を侵略し、聖書が指し示す生き方を選ぶことをしなかった、とんでもない取り返しのつかないことをしてしまった、二度とこういうことはしたくない、と思った人もいたであろう。

2) 戦時中の教会についての渡辺信雄牧師の記述（文献 13）

「日本にもたらされた本来のキリスト教信仰が、1890 年頃に変質したに違いないと思うようになった。これは明治 23 年、教育勅語の年、憲法発布の翌年である。変質の原因は天皇制絶対主義の体制、日本人キリスト者の体制順応の体質、教会指導者の素質と方針にあるのではないかと思う。海外から多くのものを取り入れているようでありながら、自分の体質を作り変えるような要素は敬遠しているということも見えてきた。」

「むしろ、神を愛していないという根本的な罪がある。だから、天皇を心から拝まなかったとしても、彼が神でない、とはっきり言うことはしなかった。神社に対して頭を下げるのは宗教ではなく国民としての儀式であると政府から言われると、本心では納得していないのに、納得したような顔をして、良心をごまかした。ごまかしができない人たちが朝鮮にはいた。彼らの多くは圧力に屈したが、最後まで屈しなかった人も少なくない。屈服した人たちも戦後ただちに先の過ちについて懺悔した。しかし、日本ではそれは起こらなかった。」

「戦争中、教会はキリスト教会であることを貫かず、妥協とごまかしをした。戦争中そのようになったのは、その以前からそうなるような歩みをしてきたからである。危険に気付いた人もいたと思うが、押し流される外ないとされ、気付いていても気付かぬ振りをした。そのことについての反省は殆どされていない。」

3) 信教の自由の欺瞞（文献 20,21）

明治憲法 28 条で「信教の自由」が保障されたようにみえるけれども、それはあくまで「安寧の秩序を妨げず、臣民たるの義務に背かざる限りにおいて」であった。当初は天皇教の国教化は考えていなかったらしい。

「神道とは祖先を崇敬し、その祭祀に従うことであり、それはあくまで国家の掟に属す、これは宗教がいう礼拝、祈念と同じものと考えるのは間違い」（山

県）。

　内外の抵抗があって天皇を絶対視する神道を国教化できないとすれば、この神道を宗教と見なさなければいい。そうすれば神道を強制しても「信教の自由」に抵触しないことになる。「信教の自由」と「神道に服すること」とが、両立するという論理を作り出した。内と外との使い分けに宗教者も乗ったのではないか。

　こうして信仰は個人の私事に閉じ込められ、社会的活動は国家によって制限を受けるのは当然だという「常識」が形成された。これは今日でも生きているように思われる。だから戦後になってもキリスト者は、戦中、神社や天皇に最敬礼をし、半島の人に神社参拝を強制しても、自分らは決して転ばなかった、キリスト教を捨てなかった、としてきたのではないか。しかし、内と外という使い分けをして、済ませられるものであろうか。

　宗教は「口に出して」言われ、態度に出して「現れ」、外に出して他者と共有し、人と人、人と神とのかかわりのうちにその「生命」はある。キリスト教は「神の言葉」の宗教である。旧約やイエスに流れる生き方は他者と共に生きるというものであり、留めようもなく泉が湧き続けるような信仰である。宗教が個人の内面にのみとどまると主張するのは、統治の都合から生まれた宗教観であり、「天皇制とは関係ありません」という信仰は枯れた信仰である。旧約の預言者はユダヤの民が自分達の神に対し礼拝しながら、同時にローマの神々、土地の神々に頭を下げるのを糾弾し続けた。キリシタンのある者は「踏み絵」を踏まなかった。

　古代ギリシャ人は、人と人との間で作り上げる世界のことをポリスと呼び、人を動かすのに、命令や力ではなく、説得や言葉で行うことが価値あることだと考えた。タテマエとホンネが乖離しても差し支えないという姿勢を続けていたら、他者との交流の手段である言葉は意味をもたなくなる。言葉が死ぬと、ポリスが死に、全体主義が出てくる。

　この問題は未解決のままである。もしも国家が神社参拝なり皇居遥拝を強制すれば、神社は宗教ではなく慣習だから、また皇居遥拝は国民の義務だからと、教会は戦時中とまた同じことをするのであろうか？

文献（発行年度順）

1) 同志社大学人文科学研究所、戦時下抵抗の研究（I，II）、1968,1969

2) 村上重良、日本百年の宗教、講談社、1968

3) 渡辺信夫、戦争責任と戦後責任、新教出版社、1971

4) 森岡巌・笠原芳光、キリスト教の戦争責任、教文館、1974

5) 朴永昌、正義がわれを呼ぶ時、信教出版社、1980

6) 同志社大学人文科学研究所、戦時下のキリスト教運動（1,2,3）、新教出版社、1981（1972）

7) 塚田理、天皇制下のキリスト教、新教出版社、1981

8) 金田隆一、戦時下キリスト教の抵抗と挫折、新教出版社、1985

9) 古屋安雄・大木英夫、日本の神学、ヨルダン社、1989

10) 佐治孝典、土着と挫折、新教出版社、1991

11) 飯沼二郎、天皇制とキリスト者、日本基督教団出版局、1991

12) 蔵田雅彦、天皇制と韓国キリスト教、新教出版社、1991

13) 渡辺信夫、戦争の罪責を担って、新教出版社、1994

14) 韓ソッ曦・蔵田雅彦、韓国キリスト教の受難と抵抗、新教出版社、1995

15) 金田隆一、昭和日本基督教会史、新教出版社、1996

16) 日本基督教団宣教研究所、日本基督教団史資料集第1巻：日本基督教団の成立過程、日本基督教団出版局、1987

17) 日本基督教団宣教研究所、日本基督教団史資料集第2巻：戦時下の日本基督教団、日本基督教団出版局、1998

18) 日本ホーリネス教団、日本ホーリネス教団の戦争責任に関する私たちの告白の資料と解説、日本ホーリネス教団出版局、1998

19) 趙寿玉・渡辺信夫、神社参拝したキリスト者、新教出版社、2000

20) 阿満利麿、日本人はなぜ無宗教なのか、筑摩書房、2000（初1996）

21) 加藤典洋、日本の無思想、平凡社、2001

[資料7] 西山俊彦神父への書簡

西山俊彦神父への書簡 (2017.1.6)

西山神父
『キリスト教はどんな救いを約束しているのか』について

初めから終わりまでをすべて読み通した訳ではありませんが（カトリック独特の用語で馴染めないものもあり）、仰りたいことを私なりに把握したこと、それにこれまで私なりに考えてきたことを加味して脈絡に乏しいですが記します。

神父から見れば的外れかもしれませんが、今回の神父のご本に対するわたしの態度です。

何年か前に大阪で開かれた市民集会で神父とお会いした際に、神父はわたしに「永遠の生命などあるのでしょうか？」と唐突に質問され、質問の趣旨もよく分からずすぐには答えられなかったことを思い出します。

神父がカトリックの歴史に向かってそれは一体どうだったのかと問われている姿勢は、わたしが主としてプロテスタントの立場から問い続けてきたことと重なるように思います。

私は（パウロ以降の）キリスト教のドグマや歴史（カトリックの異端審問など）や教会組織（特に日本基督教団しかよくは知りませんが）にはほとほと愛想が尽き、残っているのは旧約聖書ならびに新約聖書にかすかに認められるイエスの生き方だけです。

最近ベトナム戦争のころに歌われたという「What a wonderful world」がイエスの指し示す世界に近いのではないかと思っています。加えてジョン・レノンの「Imagine」という歌も。

「What a wonderful world」には教会の神は登場しません。あるのは大自然だと言ってもいいでしょう。

また「Imagine」では天国もない、地獄もない、国もない、宗教もない、所有もない、欲張ったり、飢えもない、みんな兄弟で世界を分かち合う、と歌わ

れています。

　15年ほど前から、ブッダが言ったとされる「諸行無常」はなかなかポイントをついていると思うようになりました。それは真理というより至極当たり前のことを言っているように思います。

「永遠の生命」といっても、「永遠」とはなんなのかはっきりしないし、なんとなく使っているようです。しかし物理的には50数億年もすれば太陽系そのものが終わるそうですから、われわれにとって永遠というものはそもそもないということになります。

　すべからく「宗教は救いをもっていなくてはならない」のでしょうか。

　ほとんどの人にとって「救い」とは「我欲の満たされること」であり、これには「おのれの死後のいのち」も含まれ、これは古今東西変わらないようです。

　自宅から近くにある信貴山の寺では「すべての願いを叶えます」と銘打たれています。キリスト教は違うと言えず、違うところはありません。

　わたしは幼いころから本能的に御利益信仰に反感を持ち、してはならないと言われることを敢てしました。

　イエスが示した救いとは？

　わたしは旧約聖書に流れる「見えないものが見え、歩けないものが歩け、貧しいものに日ごとの糧が与えられ、異邦人に対する許容・・・」というところにあり、それは「What a wonderful world」や「Imagine」に表されたものに通じると思っています。

　今の私にはこれらが（イエスが示した）神の支配の世界だと思っています。

　30年以上前に函館ハリストス教会へ行ったときに、礼拝後教会の責任者の方と話す機会を作ってもらったのですが、そのとき彼は「信仰によって心の安らぎが得られる」と言ったのに対して、わたしはそれは違うのではないですかと言ったこと、また五島列島など長崎の天主堂を訪ねる旅のなかで平戸の天主堂の階段であるおばあさんが「イエスさまは神の子ですから」と言われましたがそれに何かしら違和感を覚えたことを思い出します。

　神とは、神の子とは、永遠とは、それほど明確なものではないはずです。それをあたかも分かったかのような顔をして、まるで裸の王様です。教会は虚偽の集団です。

資料7

　信仰とは差し出されたドグマをなんの疑問も抱かず無理矢理納得するものではなく、それを押し通せば異端審問につながるし、それを今やっているのが教団です。ドグマに従わない牧師の資格を停止し、教会から放り出しました。まさに天皇制度につながります。

　明白に「（教団の）教会にはイエスはいない」と思っています。

　信仰（だけではなくすべてに妥当するはずです）というのはむしろその逆で、納得できないものはあくまで納得せず、納得するまでどこまでも妥協はしない。そのせめぎ合いのただ中にあるとすれば信仰は生きているもので、それはイエスの最後の「どうして？」という絶叫につながるものと思っています。

　若いころから妥協しない、できない生き方をしてこれたこと、それがわたしの生き方だったし、どうしてそうしてきたのかは分かりませんが幸運だったとしかいいようがありません。そこのところは神父も同じでしょう。

　わたしの父母の葬儀はなしで墓はありますが、いずれその墓も処分する予定です。私自身の葬儀も墓もなしにするつもりです。

宮井　正彌

2017.1.6

宮井　正彌（みやい　まさや）

1943 年　大阪市旭区に出生
1944 年　三重県上野市に疎開
1950 年　上野市立西小学校入学
1953 年　大阪府八尾市に移住　八尾市立龍華小学校 4 年転入
1956 年　八尾市立龍華中学校入学
1959 年　大府立八尾高等学校入学
1963 年　福井大学工学部機械工学科入学
1967 年　愛知県豊田市（アイシン精機（株））
1971 年　福井県三国町（福井機械（株））
1975 年　埼玉県宮代町（日本工業大学講師・助教授）
1987 年　大阪府八尾市（姫路獨協大学教授）
2014 年　姫路獨協大学定年

わたしのキリスト教と仏教

2018 年 7 月 8 日　発行

著　者　宮井正彌
制　作　風詠社
発行所　ブックウェイ
〒670-0933　姫路市平野町 62
TEL.079（222）5372　FAX.079（244）1482
https://bookway.jp
印刷所　小野高速印刷株式会社
©Masaya Miyai 2018. Printed in Japan.
ISBN978-4-86584-335-4

乱丁本・落丁本は送料小社負担でお取り換えいたします。

本書のコピー、スキャン、デジタル化等の無断複製は著作権法上での例外を除き禁じられて
います。本書を代行業者等の第三者に依頼してスキャンやデジタル化することは、たとえ個
人や家庭内の利用でも一切認められておりません。